Die Strandgängerin

Ursa Koch

Die Strandgängerin

Roman

Albas Literatur

*»Auch der längste Weg
beginnt mit dem ersten Schritt«*

Laotse

Für Gert und Kai

Inhalt

Prolog

»Es wird ein Jahr voller Überraschungen. Und am Ende bist du nicht mehr dieselbe«, prophezeite die zahnlose Alte in ihrer Berghütte über den Wolken. Ich lächelte und ahnte nicht, dass ich sie nie vergessen würde. Immer wieder blitzten ihre Worte auf, wenn etwas geschah. Und es geschah viel.

Als Patricia mich verließ, brauchte ich ein neues Hackbrett, so sehr hatte das Holz unter meiner Trauer gelitten. Ich wetzte das Messer, plünderte den Garten und schnitt die Leere in tausend Stücke. Der Duft nach frischen Kräutern beruhigte die Seele nach den sieben Tagen und Nächten, in denen mein ganzes Leben abgelaufen war wie im Zeitraffer. Komödie und Drama mit der Hoffnung auf ein Happy End. Tausende Kilometer hatte sie zurückgelegt, um diesen Lebensfilm zu sehen, ungeschönt, in voller Länge. Und ohne Vorwarnung.

1. Juni stand fett in dunkelroter Farbe auf dem Abrisskalender über dem Tagesspruch von Rainer Maria Rilke: »Sei jedem Abschied voraus«! Gemächlich trödelte ich durch diesen Morgen. Auch ohne Kalender hätte ich gewusst, dass dies kein Werktag war. Kein unnatürlicher Laut störte die Ruhe, weder die hämmernden Arbeiter noch die brummenden Bootsmotoren. Das sonntägliche Klangmuster schufen allein der Atlantik, der sanft rauschte, und die Bananenblätter, die im Wind spielten. Hier und da summte eine Biene. Gegen Mittag, zu früh für die Nachtschwärmer und zu spät für Garten- und Kopfarbeit, fand ich ein Mittel gegen die schleichende Melancholie. Jazz von Miles Davis. Es war schwül und diesig. Ich öffnete liegen gebliebene Post, presste fleischige Mangos aus und erklärte mein Tagwerk für vollendet. Im Schatten des Gummibaums nickte ich wenig später über einem Gartenbuch ein. Metallischer Lärm ließ mich hochschrecken. Ich hatte vergessen, wie laut und bedrohlich die schweren Messingglocken klingen. Zu lange war es her, dass jemand dieses Seil gezogen hatte. Alle Leute, die mich besuchen, benutzen den Türklopfer in Form der Nixe, deren Brüste schon ganz blank sind. Ich schälte mich aus der Hängematte und lief barfuß durchs Haus. Die Hunde bellten, dass es in den Ohren schmerzte. Ich sperrte sie in die Küche. Dann erst drehte ich den Schlüssel im Schloss und zog die Haustüre einen Spalt breit auf.

Auf den ersten Blick erkannte ich sie gar nicht, wie sie so dastand, umgeben von flirrendem Sonnenlicht, wie aus einer anderen Welt. Den Kopf unter einem riesigen Wagenrad von Strohhut fielen mir zuerst die verfilzten Haarsträhnen auf. Wie überreife Ähren baumelten sie über der Brust. Sie trug eine hauchfeine Bluse, die eine schmale Silhouette durchscheinen ließ, darunter eine Jeans, die aussah, als hätte sie die Wüste durchquert. Schmutzig und zerrissen. Ihre Füße steckten in smaragdgrünen Cowboystiefeln. Wie sie den Kopf hob, das Kinn vorschob und die verspiegelte Sonnenbrille abnahm, da wusste ich Bescheid, noch bevor ihr markantes Gesicht zum Vorschein kam. Niemand sonst hat diese schmale Nase mit geblähten Flügeln, wie Nüstern eines Rennpferds und solch pralle Lippen, die aussehen, als formen sie ein O. Es ist der gleiche Mund, der mir im Spiegel begegnet. Ansonsten verbindet uns kein äußerliches Merkmal.

Mein Herz änderte seinen gewohnten Rhythmus. Es begann zu hüpfen. Vor Angst, es würde aussetzen, tastete ich nach dem Türrahmen. Patricia klappte währenddessen ihre Brille zusammen, schob sie in die Gesäßtasche, streifte ihren Seesack von den Schultern und ließ ihn auf den Boden plumpsen. Warmer Staub bedeckte meine Zehen. Meine Tochter, dachte ich und starrte sie an, als sähe ich sie zum ersten Mal.

Es gibt Momente, die alles verändern, auch lang einstudierte Fähigkeiten. Mir fiel nichts ein, was ich hätte sagen oder tun können. Millionen von Glücksperlen strömten durch meinen Körper. Gleichzeitig verwandelte das schlechte Gewissen meine Knie in Pudding und drückte derart auf die Blase, dass ich meinte, auf der Stelle pinkeln zu müssen. Wie damals als Schulkind, als ich mit dem Spickzettel erwischt wurde. Man verlässt seine Familie nicht einfach so, las ich in Patricias funkelnden Augen, die langsam über meinen Körper hinab bis zu den Beinen wanderten. Dabei bewegte sie ihren Kiefer hin und her. Ein Stück Kaugummi schob sich zwischen ihre Vorderzähne. Ihre Zungenspitze tauchte auf, verschwand wieder und dehnte die Masse zu einem Ballon, bis er platzte. Ungeachtet der klebrigen Reste zwischen Oberlippe und Nase, bückte sie sich über ihren Stoffsack, zog geschickt die Bändel auf und fingerte ein Stück gelbes Fell heraus. »Amadeus hat dich vermisst«, sagte sie und hielt mir den abgewetzten Teddybären vor die Nase. In diesem Moment brach der Damm. Ich schlang meine Arme um ihre zarten Schultern, sog ihren warmen Duft nach Heu auf und versuchte gar nicht, den Sturzbach an Freudentränen zu stoppen.

Amadeus. Ein halbes Jahrhundert hat er übersprungen, auf einen Satz. Nie werde ich den Tag vergessen, als er in mein Kinderzimmer in Hamburg einzog. Das Geschenk von Papa verdrängte den ganzen Plüschtierzoo. »Er ist stärker als alles andere auf der Welt«, sagte er. Und nie hatte ich an diesem

Satz gezweifelt, so wenig wie daran, dass Papa mein leiblicher Vater war. Zwanzig Jahre später und lange bevor ich von der Lebenslüge meiner Mutter erfuhr, zog dann der einstige König meiner Märchenwelt ins Herz der kleinen Patricia. Und nun war er in meinem neuen Heim gelandet, auf dieser abgelegenen Insel, dem Versteck, das jetzt keines mehr war. Die starken Worte, mit denen der schmächtige Amadeus ausgestopft wurde, wirkten noch immer. »Er wird dich mit Bärenkräften beschützen.« Ich klammerte mich an den geheimnisvollen Zauber. Damals wie heute.

An einem Herbsttag, als der Wind mit lautem Gebrüll durchs Tal fegte, Fischerboote ins Landesinnere schleuderte, Bäume abknickte wie Streichhölzer und das »Vater unser« in die Berge trug, verdankte ich ihm tatsächlich mein Leben. Keine drei Monate später flog er dann mit solcher Wucht gegen die Wand, dass eines seiner braunen Glasaugen zerbrach. Monica kehrte die Splitter zusammen, den Mund fest zusammengepresst. Dieselben schmalen Lippen bekommt sie, wenn sie Amadeus mit spitzen Fingern am Schwanz vom Laken angelt, tränennass und klebrig, wie er manchmal ist, und ihre Augen zwischen Waschmaschine und Mülleimer hin und her pendeln. Es ist stets dasselbe Ritual. Sie versiegelt ihren Plappermund und lässt den Körper sprechen. Nachdem alle Wäschestücke im Wind flattern, gehören die letzten zwei Wäscheklammern Amadeus' Ohren. Dann stemmt sie die

Hände in die Hüften und schüttelt ihren Kopf vorsichtig, damit kein Lockenwickler sich löst. Sie hat Humor. Dennoch hege ich den Verdacht, dass sie insgeheim an meinem Geisteszustand und Sprachvermögen zweifelt. »Magische Kräfte« passt nicht zu einem Plüschfell in einem Land, in dem selbst tiefere Beziehungen zu lebendigen Tieren suspekt erscheinen. Gut, dass sie frei hatte, als ich mit Amadeus im Arm singend durchs Haus tanzte, übermütig vor Glück, als wäre ich siebzehn. Für Monica der sichere Beweis für eine Affäre und eine Geisteskrankheit. Und die Leute im Dorf hätten etwas erfahren von den Dingen, die die Fantasie beflügeln. Der Blick hinter Fassaden, besonders hinter exotische, toppt jede Telenovela. Warum die weiße Frau ausgerechnet hier lebt, soll Monica erklären. »Sie sucht nach ihren Wurzeln« ist ein Satz, den keiner versteht. Deshalb schult sie ihren Blick bei der Suche nach dem verlorenen Haar in der Suppe und im Bett.

Mit diesen Dingen würzen wir die Arbeit. Pingpong des Alltags. »Ruben mag Dich«, meinte sie kürzlich, legte den Kartoffelschäler weg und schielte verstohlen nach einer Regung in meinem Gesicht. »Er macht einen guten Job. Verdreht Touristinnen den Kopf«, erwiderte ich, ohne mit der Wimper zu zucken. Insgeheim musste ich schmunzeln, denn Monica weiß nichts von der Gänsehaut, die über meinen Rücken kriecht, wenn mein Name erklingt wie eine Melodie. »A-me-lie«. Sie kennt diese rauchige Stimme, das Lachen, das an eine knarzende Tür erinnert, das Schnalzen seiner Zunge, wenn er den Raum betritt und uns den Fisch bringt, frisch aus dem Ozean. Aber sie hat keine Ahnung, was mit mir geschieht, wenn Jorge mich besucht und ich die Fenster schließe, damit der Wind seinen eigentümlichen Duft nach Kautabak und Thymian nicht mit sich nimmt, wie die Pflicht, die nach ihm ruft. Monica sagt, er habe eine Familie im Dorf und eine in der Stadt und sieben Kinder. Ich denke, sie unterschätzt ihn. Aber das steht auf einem anderen Blatt.

Jedenfalls hat ein großer Fehler, den ich beging, mit Jorge zu tun. Indirekt. Um ehrlich zu sein, ich wollte ihm imponieren. Und das ging schief. Gründlich. Deshalb bin ich beinahe pleite.

Meinen Instinkt hatte ich ausgeblendet, wie ein Kind, das unbedingt etwas haben will. Sam und Benne trotzten nicht gerade vor Sympathie, als ich sie in der Nähe des Hafens traf. Benne, sonnengegerbt, mit einer Figur wie eine Dampfwalze, in kurzen Hosen, engem Shirt und Plastikschlappen, stopfte gebrannte Mandeln in sich hinein und leckte sich genüsslich die Finger ab, bevor er mir die Hand entgegenstreckte. Sam, blass, an die zwei Meter groß, in Leinenhose, Hemd, Panamahut und mit einer Ausstrahlung, die in aristokratischen Kreisen nicht weiter auffällt, aber hier an diesem maroden Ort den Eindruck von Seriosität und Kultiviertheit vermittelt, stellte sich galant vor. Sie passten in mein Bild von einem Schiffseigner und einem Skipper. Und ich passte perfekt in ihren teuflischen Plan. »Cooles Boot«, strahlte Mimmo, der mich fast überall hinbegleitet, nachdem Lorina mir die Suche nach einer neuen Haushilfe und ihren achtjährigen Sohn überlassen hatte, weil sie in Luxemburg eine bessere Arbeit gefunden hatte.

Ich hätte mich natürlich in Mindelo erkundigen können, denn ich kenne eine Menge Leute. Sie halfen mir auch, meinen leiblichen Vater zu suchen und fingen mich auf, als ich hörte, was ich nicht verstehen wollte. »Er ist ins Jenseits gegangen.« Mit der Mathematik des Lebens hatte ich nicht gerechnet. Der Verlust von zwei Vätern ergab den Gewinn einer Großfamilie. Und die Zahl wächst. »Wie unser Kefir im Zuckerbad«, stellte Mimmo fest. Ich habe Neffen, Nichten, Großtanten, Onkel ... ein Verwandtenzuwachs, der bunter nicht sein könnte. Ruben zählt auch dazu. Er ist der Sohn der Tante, deren Nichte mit dem Großonkel. Egal. Ruben entfachte eine Idee, die sich als genial erweisen sollte. Bei einer Sambaprobe tanzten er und Patricia, dass kein Papier mehr zwischen die beiden gepasst hätte, im rhythmischen Gleichklang. Solch eine sinnliche Erfahrung sollten die Menschen machen, die von überall her auf die Inseln kommen. Wie ein Ohrwurm, den man nicht mehr loswird, prägt sich auch ein Tanzschritt ein. Mit den kulinarischen Genüssen ist es ähnlich. Den Geschmack von Ingwer, Maracuja und Fisch im Bananenblatt vergisst man nie. Und damit kenne ich mich jetzt aus. Früher konnte ich nicht einmal Grießbrei kochen. Er klumpte, hinterließ eine hässliche Schicht im Topf und einen schalen Geschmack. »Mama! Das riecht wie Opas Zigarren.« Ich hätte also weiterhin die Finger vom Herd gelassen, wären nicht eine Staude mit siebzig Bananen und ein Sack voll reifer Papayas vor der Türe gestanden. Seitdem rieche, schmecke, probiere ich und lasse Berge von Gemüse und Früchten, Fische und Wurzeln in Töpfe und Schüsseln wandern. Was herauskommt, füllt die Rezeptblöcke und manchmal auch den Schweinetrog. Inzwischen weiß ich, was dem Gaumen schmeichelt. Ein ganz bestimmtes Gericht betört sogar Jorge. Miss Rose, mein geflecktes Ferkel, würde glatt verhungern, hätte es nicht ein langes Leben bei Maria Paulette gefunden. Mittlerweile ist es kugelrund.

Glaubt man also dem Sprichwort: »Je fetter das Schwein, desto rosiger die Zeit«, war es ein gutes Jahr in diesem Fischerdorf, das mir vorkommt wie ein Spiegel des Lebens mit all seinen Facetten, mal grau und ausgedörrt wie Elefantenhaut und dann wieder bunt und frisch wie der Frühling am Brombachsee, mit Menschen vor ärmlichen Behausungen, die schon morgens auf den Sonnenuntergang warten, lachenden Kindern, die zur Schule rasen, als gäbe es dort Zuckerzeug, Frauen und Männern, die sich beständig im Karussell ihrer

Möglichkeiten drehen und sie nie verlieren, die Schwielen an Händen und Füßen und ihre Zuversicht.

Sprichwörter sind Floße im Meer der Unsicherheit. Die alte Frau braucht sie nicht. Sie weiß, dass das Leben nicht lange rosarot ist, meines schon gar nicht. Ich werde die trockenen Zweige des Mandelbaums vom Schreibtisch wischen, den Bleistift spitzen und sie einsammeln, die Gedanken, damit sie nicht davonfliegen, wie die Blätter im Wind.

Denn alles war ungewöhnlich an diesem Jahr.

Von Anfang an.

Ein neues Jahr

Grundsätzlich gibt es zwei Möglichkeiten Silvester an diesem Ort zu überstehen. Entweder man nimmt gleich die erstbeste Einladung zu einer der Feiern an oder man verstopft sich die Ohren, trinkt Rotwein aus dem Wasserglas und kapituliert dann Stunden später vor dem Enthusiasmus der Einheimischen. Ich hatte mich für die zweite Variante entschieden. Mitternacht war unspektakulär ohne Feuerwerk, Knallerei und obligatorische Neujahrswünsche vorbeigegangen, denn es war niemand da, mit dem ich hätte anstoßen können.

»*Saudé*«, prostete ich mir zu.

»Wer an Feiertagen mit sich auskommt, schafft alles im Leben.«

Dabei war ich gar nicht alleine. Der Schatten einer Katze huschte vorüber, als ich umständlich in die Hängematte krabbelte, in der einen Hand das randvolle Glas, in der anderen ein feuchtes Tuch. Das würde helfen, den Lärm und nutzlose Gedanken über Erwartungen auszublenden, hoffte ich. Ich leerte das Glas in drei Schlucken, schloss die Augen und malte mir mein morgendliches Ritual aus, das mir den Namen Strandgängerin eingebracht hat. Helle Punkte blitzten auf, was wohl am Alkohol lag, dann Lavabrocken zwischen weißer Gischt. In ein paar Stunden würde ich dort stehen, das silberne Licht am Horizont bestaunen, über den kühlen Sand laufen, mit den nackten Füßen die Salzkruste durchbrechen, in den prickelnden Ozean tauchen, spüren, wie die Strömung Brust, Bauch und Beine massiert, und für kurze Zeit eins sein mit den Wellen. Die Geräuschkulisse der Wassermasse, wenn sie krachend auf Felsen klatscht und über Steinchen plätschert, wollte nicht entstehen, nicht solange die Bässe derart laut durch die Luft waberten.

Zu dumm, dass Schallwellen nach oben steigen. Wie gerne hätte ich mit den Küstenanrainern mein Haus gegen eine ihrer bescheidenen Hütten getauscht. Was nützt die privilegierte Hanglage mit herrlichem Blick über die Bucht, wenn sich Riesenboxen, auf verschiedenen Terrassen über das Dorf verteilt, Konkurrenz machen. Aus allen dröhnte Musik. Unterschiedliche Rhythmen flogen durch die Lüfte und prallten zusammen, ziemlich genau bei mir. Je nach Windrichtung setzten sich die Klänge aus einem der Lautsprecher durch, und ich erkannte einen Sound, aber nur so lange, bis sich ein anderes Stück in den Vordergrund drängte und mit einem dritten mischte. Schallschutzfenster wären die Lösung oder eine andere Einstellung, dachte ich, als sich Gelächter vom allgemeinen Geräuschpegel abhob. Stimmen näherten sich. Dann ein dumpfer Plumps und das helle Klirren von Glas, das auf Steinplatten zerbrach. Es kam vom Rand des Gartens aus Richtung der Berge. Einbrecher. Sie müssen über die Mauer geklettert sein. Ich riss die Augen auf und fuhr senkrecht hoch. Mein Herz klopfte, dass es im Brustkorb schmerzte. Jetzt, wo ich die Hunde brauchen könnte, waren sie nicht da. Sie schliefen im Haus. Im schwachen Licht der Laterne zeichneten sich fünf Gestalten ab. Sie torkelten direkt auf mich zu, schlenkerten mit Armen und Beinen wie Marionetten und kicherten.

Es waren Teenager aus dem Oberdorf, unverkennbar Djons heliumgetränktes Wiehern und die grummelnden Töne, die sich blubbernd zu einem Lachen steigerten und Bettys und Lindas Kehlen entwichen und nicht einer Unterwasserpumpe. Die Schwestern machen sich oft einen Spaß daraus, Fremde zu verwirren. Stattlichen Resonanzkörpern einer Montserrat Caballe traut man derartige Tonlagen zu, nicht aber jungen Mädchen, zart wie Libellen. Vielleicht hält man sie für Transvestiten. In dieser Nacht wäre dies gut möglich gewesen. Nicht wegen des grellroten Lippenstifts und neongrünen Lidschattens. Ich konnte die Schminke sowieso nicht erkennen. Dunkle Gesichter in der Nacht wirken auf mich wie Gegenlichtaufnahmen. Beschwipst, wie ich war, wurden meine Augen magisch angezogen von den glitzernden Gürteln, silberfarbenen Hotpants, strassbesetzten Miniröcken, bunt schimmernden Halsketten und goldglänzenden Ohrgehängen unter mächtigen Haargebilden, aufgetürmt wie Turbane. »Amelie, komm. Party«, perlte es in mein Ohr.

Benebelt von der Duftwolke einer ganzen Parfümerie folgte ich dieser unwiderstehlichen Aufforderung, ohne auch nur eine Sekunde lang zu zögern.

Der schmale Weg hinab ins Dorf war steiler als sonst. Angesteckt von der sprühenden Laune heftete ich mich an Bettys eilige Fersen und bildete so das Schlusslicht der Gruppe. Ich gehörte dazu, war Teil dieser Gemeinschaft. Und wie in einem spannenden Spielfilm vergaß ich mich, meinte am Ende genauso schön zu sein wie die Akteure und ebenso jung. Die Realität holte mich stets rasch ein. Dieses Mal noch schneller. Bereits auf Höhe der ersten Behausungen, die zur *Ladeira* zählen, war die überschäumende Lebensfreude dahin. Die Sohlen meiner Sandalen rutschten weg wie die Schlittschuhe eines Anfängers auf der Eisbahn, und mein Hintern landete auf dem harten Sand. Auf einen Schlag war ich hellwach, ernüchtert sozusagen. Salziges Wasser lief über meine Wangen und sammelte sich in den Mundwinkeln. Das Steißbein, von dessen Existenz ich bis zu meinem dreizehnten Lebensjahr nichts gewusst hatte, tat höllisch weh. Wie damals, als das Pferd entschieden hatte, mich alleine über das Hindernis segeln zu lassen. Vom Ellenbogen bis zum Handgelenk zog ein Brennen. Ich hob den Arm ein wenig an, betastete die Stelle vorsichtig und krempelte den Ärmel der dreckverschmierten Bluse hoch. Nichts gebrochen, nur eine Schürfwunde, stellte ich erleichtert fest, als ein Schatten sich näherte.

»Brauchse Hilfe?«

Das Nuscheln gehört zu Senhor Pena wie die Pfeife, die Tag und Nacht zwischen seinen Zähnen zu stecken scheint. Im Stillen nenne ich ihn so, denn sein richtiger Name Antonio Sowieso scheint mir nicht passend für einen Mann, dessen Lebensgeschichte ein ganzes Buch füllen würde und der solch einen traurigen Eindruck macht. Gewöhnlich sitzt er auf der niedrigen Mauer vor seinem kleinen Steinhaus und kaut auf dem Pfeifenstiel. In Hemd, langer Hose, Kunstlederschuhen, mit einer Schiebermütze und einem Stoffbeutel neben sich sieht er aus, als mache er sich jeden Moment auf zu einer der Reisen, von denen er träumt, weil er die Insel nie verlassen hat. Als er noch laufen konnte, geschickt wie ein Tausendfüßler, wurde er von den Menschen herbeigesehnt wie der Regen, der zu selten kam. Bevor Internet und Telefon ihn überflüssig machten, brachte er die Nachrichten aus aller Welt in die entlegensten Winkel der Insel und nahm sie mit, die Momente des Glücks und Leids, die so viele Briefe auslösten. Das ist lange her. Seine Beine begannen zu zittern wegen des Stillstands, den der Fortschritt mit sich brachte. Und seine Augen wurden trüb wie die eines Hundes, der vergeblich auf seinen Herrn wartet. Sein Alter kennt niemand genau. Über hundert schätzt Lorina. Würde man die Falten in seinem hageren Gesicht zählen, wie die Jahresringe eines Baums, wäre die Zahl sicher höher.

Einmal, als ich an seinem Hause vorüberging, und er mich mit einer Handbewegung einlud, auf dem Mäuerchen Platz zu nehmen, konnte ich sie sehen, die haarfeinen Fältchen neben den Augen, die von der Leidenschaft, der Liebe, den Freuden des Lebens erzählen, die Gräben auf der Stirn, in denen die Sorgen liegen, die Furche über der Nasenwurzel, die den Verlust von Menschen spiegelt und die Linien der falschen Entscheidungen und verpassten Möglichkeiten auf den eingefallenen Wangen. Er war nicht gesprächig, murmelte hin und wieder ein Wort. Ihm genügte die menschliche Nähe, die mich unruhig werden ließ. Ein paar Minuten, länger hielt ich es nicht aus in der moderigen Luft, eine Mischung aus Urin, Talg und Kohle, die aus der geöffneten Tür drang. Ich suchte eine Ausrede und das Weite.

Und wieder war ich erleichtert, als Betty den Berg hinaufgeschnauft kam mit dem fordernden: »Wo bleibst du denn?« auf den Lippen, dem ich mich nicht entziehen konnte.

Keine zwanzig Meter weiter, hinter einer Kurve, standen und saßen Leute auf dem Weg. Frauen, Männer, Kinder, Alte. Und noch mehr Menschen drängten sich in dem schmalen Gang zwischen zwei Häuserfassaden, der auf einen Innenhof führte. Aber nicht einfach so. Sie scherzten, tanzten, aßen, tranken, alles auf einmal, und ich war plötzlich mittendrin. Wie in der U-Bahn in Tokyo. Ich war noch nie dort, aber Wolfram. Mein Ex, in Wahrheit mein Ehemann, weil wir weder geschieden sind, noch offiziell in Trennung leben, was auch gar nicht geht, wenn einer der beiden einfach abhaut. In diesem Fall war ich es. Wolfram hatte sich bereits verabschiedet, während er noch lange Zeit anwesend war. Wolfram kann so etwas, und er weiß auch, wie es sich anfühlt, wenn man hineingepresst wird in einen Pulk von schwitzenden Menschen. Zumindest hat er das erzählt, als wir in einem teuren, japanischen Restaurant saßen, und ich mich noch nicht anstrengen musste, seinen Geschichten zu lauschen, weil ich ihn liebte. Er zählte zu den Menschen mit analytischem Denkvermögen, die punktgenau Pointen setzen, um sich an deren Wirkung zu laben. Diese Gabe und der Charme, den er mit seiner oberflächlichen Vitalität verströmte, machten ihn für Frauen interessant. Er war beliebt. Nicht einmal seine Freunde ahnten etwas von der inneren Leere, die er mit seinen Erfolgen füllte. Anlagegeschäfte boomten. Eine glorreiche Zeit für Wolfram. Wieso ich inmitten dieses Rummels gerade an ihn dachte, bleibt ein Rätsel. Ob er in diesem Moment mit seiner jungen Geliebten und unseren alten Bekannten feierte?

Ich zog den Bauch ein, klemmte die Arme an den Körper, streckte meine Wirbelsäule so gut es ging und trieb wie eine Wolke im Wind mitten durch die Menge in Richtung Dunkelheit, darauf bedacht, dass mir niemand auf die Füße trat und mich nicht anrempelte, was meine ganze Aufmerksamkeit erforderte. Der Hof führte rechts und links auf Terrassen und nach hinten in die Gärten und Plantagen. Irgendwie schaffte ich es, in alle Richtungen grüßend und lächelnd, dort anzukommen, wo ein Schuppen zur Bar umfunktioniert worden war und kein Lautsprecher stand. Die Blechverkleidung war warm und die Luft klar. Ich lehnte mich an die wellige Fassade und stellte mir vor, dieses bewegte bunte Bild durch die Linse einer Kamera zu betrachten, ließ es in Einzelteile zerfallen und begann plötzlich, etwas Wesentliches im Unscheinbaren zu begreifen. Wie beim Blick durch ein Schlüsselloch sah ich sie. Perlmuttschimmernde Pumps mit bleistiftdünnen Absätzen. Das waren sie, die entscheidenden zehn Zentimeter, die manchmal genügen, um der Welt der Reichen näher zu sein. Der Gesichtsausdruck der beiden Teenies beim Tausch ihrer billigen Flip Flops gegen die schillernden Highheels glich Fahrgästen in einem Paternoster. Mit jedem Meter hinauf, vom dunklen Untergeschoss in die lichten Luxusetagen, steigert sich das Lächeln und der Glanz in den Augen. Der Wochenlohn einer Trägerin war dies wert. Erhaben und anmutig wie Prinzessinnen stöckelten die beiden übers Parkett, vorbei an den jungen Männern, die ihre kunstvollen Muster im kurzgeschorenen Haar präsentierten, eigens von einem Friseur in der Stadt kreiert, was sie für kurze Zeit vergessen ließ, woher sie stammten. Sie waren einzigartig und begehrenswert, das alleine zählte. Daneben Frauen mit üppigen Formen in afrikanischen Tüchern, die sich bei der *Funaná* alle Last von Leib und Seele tanzten und ihn auskosteten, diesen Paukenschlag des Glücks, der Leben bedeutet. Dazwischen kleine Jungen und Mädchen, hübsch herausgeputzt, mit puddingverschmierten

Mündern, Zahnlücken und einem Strahlen, wofür wir sie lieben.

Betty und Linda zogen den Fokus auf sich und steuerten im Trippelschritt direkt auf mich zu, Plastikteller mit Essbarem balancierend.

»Gibt's da drinnen.«

Betty deutete mit der freien Hand nach links. Dann krümmte sie Zeigefinger und Daumen wie zu schmal geratene Bananen nach außen, damit ihre langen, blau lackierten Nägel keinen Schaden nahmen, womöglich waren sie auch angeklebt, und rieb die Finger aneinander, bis ich verstand.

Ich kramte den Obolus für die Party, umgerechnet zwanzig Euro, aus der Tasche. Dabei fielen ein paar Escudos herunter und kullerten über den Boden. Wie der Blitz schossen drei Knirpse herbei, sammelten die Münzen auf und stoben kreischend davon. Betty schob die Scheine in den breiten Saum ihrer Hotpants, hob dabei den Blick gen Himmel, als danke sie dem Herrgott für die Gabe, und dehnte die roten Lippen für eine Sekunde über die ganze Breite ihres Gesichts. Mit einem eleganten Schwung drehte sie sich im nächsten Augenblick um hundertachtzig Grad und bewegte sich Hüfte kreisend durch die Menge, gefolgt von Linda, die zu hüpfen begann wie ein Rennpferd vor dem Start.

»Bom ano!«

Ein Schwall whiskeygetränkter Luft wehte heran. Djon und Pele, Arm in Arm, schwenkten Flaschen und sangen einen kreolischen Vers. In den neonfarbenen Netzshirts und Nylonhosen, die sich über die prallen Muskeln an Armen, Schultern und Oberschenkeln spannten, und mit den Basecaps auf der dichten Haarkrause konnten sie ebenso gut einem Plakat für Sportbekleidung entsprungen sein. Allerdings fehlten jene maskulinen Gesichtszüge ihrer Idole wie Jackie Chan, Ronaldo und Ronaldinho, die den bröselnden Wänden ihrer kargen Schlafkammern zu etwas Glanz verhalfen. Die beiden, kaum älter als achtzehn, hielten mindestens einen Meter Abstand, als sie sich voneinander lösten und mit der rührenden Geste einer angedeuteten Verneigung die Hand ausstreckten. Als ob sie sich abgesprochen hätten, grinsten sie schelmisch, wie Zwillingsbrüder, die gerade einen Streich ausgeheckt haben.

»Bom ano novo«, erwiderte ich erleichtert und lauter als gewollt.

Der Vorfall bei der Einweihungsfeier des Schulanbaus lag noch in der Luft, aber nicht mehr zwischen uns.

Vier Wochen war es her, dass gebastelte Papierfähnchen und bunte Lampions ein harmonisches Kinderfest vorgaukelten, das später, als der Alkohol reichlich floss, ausartete. Das halbe Dorf war gekommen, weniger wegen der lobenden Worte zu Ehren der ausländischen Spender, vielmehr lockte das Live-Konzert einer kreolischen Band und das reichhaltige Buffet mit allerlei Leckereien, Eintopf, Pastéis und *Bolas*, gefüllten Teigtaschen und verschiedenen Drinks. Da sich die Prägung meiner hanseatischen Erziehung mit dem Umzug in eine andere Welt nicht einfach wie überflüssiger Ballast abschütteln ließ, war ich hingegangen und heuchelte Interesse. Aus purem Anstand, nicht aus Lust, unterhielt ich mich mit französischen Durchreisenden über Wanderwege und sprach mit Maria über dies und das. Irgendwann kamen Djon und Pele dazu. Ich stand herum, spendierte Bier, bewegte mich allmählich im Takt der Reggaemusik an den Rand der Tanzfläche und beschloss, das Fest unauffällig zu verlassen, als Pele mich unsanft am Arm packte. Dabei lächelte er unschuldig wie ein Junge, der zu Unrecht getadelt wurde.

»Ich zeig dir, wie das geht«, meinte er und zog mich an sich.

Beinahe gleichzeitig legte er einen Arm um meine Taille, schob seinen harten Schenkel zwischen meine Beine, den Beckenknochen gegen meine Hüfte und schob mit seinem Oberkörper meine rechte Schulter zurück, sodass sich mein Gewicht nach hinten verlagerte. Ich bog mein Kreuz, soweit es ging, drehte den Kopf weg von seinem Gesicht und versuchte den Körperkontakt zu lockern. Dabei spürte ich seinen Schweiß in meiner Handfläche, die Hitze seines Körpers überall, als ob seine Nervenzellen sich mit meinen verbinden wollten. Mir wurde schlecht. Ich kam mir vor wie eine alternde Dame aus Montand, auf der Suche nach einem jungen Lover. Es war mir peinlich, mit einem Jüngling engumschlungen zu tanzen. Ich spürte Blicke. Schwarze Augen auf weißer Haut. War es dieses Mal umgekehrt? Nicht ganz. Weiße, wie ich, stierten dezenter, getarnt unter einer Beiläufigkeit oder hinter Sonnengläsern. Hier kam die Neugier ohne Schutzschild aus. Mit aller Kraft versuchte ich, mich aus der Umklammerung zu winden, was ihn nicht kümmerte. Ich heftete meinen panischen Blick auf Fernandos Rücken, der mit Maria dicht neben uns war. Mit dem feinen Gespür einer Katze wendete er den Kopf und las das *nao* von meinen Lippen ab. Seine Augen verengten sich zu schmalen Schlitzen. Er ließ Maria mit einer raschen Drehung los und schlug blitzartig Peles Arm von meinem Rücken. Ich taumelte zur Seite und nahm benebelt wahr, wie Fernando und Maria mit hitzigen Gesten auf den verdutzten Pele einredeten. Djon kam dazu und zwei Mädchen, die aufgeregt schnatterten wie junge Gänse. Bevor es zu der Schlägerei kam, bei der hässliche Worte und Steine durch die Luft flogen, war ich bereits zu Hause.

»Das hatte nichts mit dir zu tun. Kommt mal vor,

wenn die Jungs zu viel getrunken haben«, versicherte Lorina am nächsten Tag.

»Lust zu tanzen?«

Heißer Atem kitzelte mein Ohr. Ich fuhr herum, traf auf ein leuchtend blaues Augenpaar hinter einer Nickelbrille und eine Nasenspitze, die mir gefährlich nahe kam. Ich wich zurück und deutete auf meinen lädierten Arm.

»Oh. Ein gefallenes Kind?«

»Sie haben Glück. Ich mag Männer mit Witz. Wie wär's mit einem Drink?«, hörte ich mich sagen.

»Geschüttelt oder gerührt?«

»Am liebsten eiskalt.«

Mit zwei ausladenden Schritten war der Mann an der Bar, wo er mit Sophia hinter der Theke verhandelte. Ich verstand die Worte nicht, es war zu laut. Offenbar sprach er Kreol oder Portugiesisch. Er war unwesentlich größer als ich, schlank, trug helle Mokassins, eine verwaschene Jeans und ein blaues Hemd, das bis zu den Oberschenkeln reichte. Ein Mann in den mittleren Jahren, der seine kurzen aschblonden Haare so gestylt hatte, dass sie in alle Richtungen standen. Sicher keiner der Oberstudienräte, die sich derzeit hier tummeln, dachte ich, als er mit zwei halbgefrorenen Bierflaschen zurückkam. Obwohl man sich täuschen kann.

Das Leben hier hat mich gelehrt, meine Vorurteile über Bord zu werfen.

»Adrian«, stellte er sich mit süffisantem Zug um die Mundwinkel vor und schnippte lässig den Kronkorken weg.

Ich brauchte beide Daumen, das Fläschchen zu öffnen, was weniger lässig, eher verkrampft wirkte.

»Amelie«, sagte ich, während der Bierschaum über meine Finger lief.

»Also doch geschüttelt.«

Wir lachten beide, und ich dachte, dass dies ein guter Jahresanfang werden könnte. Es war diese Art von Leichtigkeit, die ich seit Langem vermisste. Ein lockeres Geplänkel, zu nichts verpflichtend.

Das Superbock war so kalt, dass meine Lippen am Flaschenhals festzukleben drohten. Eigentlich hasse ich kalte Getränke. Ich ließ die Flasche von einer Hand in die andere wandern und schwieg. Adrian nahm einen Schluck und wischte mit dem Handrücken über den Mund.

»Wohnen Sie im Residencial Baleia?«

»Nein.«

»In der Lodge wären sie mir aufgefallen. Also Privatunterkunft?«

»Kann man so sagen«, log ich, ohne rot zu werden, denn es war nicht ganz falsch.

»Schon lange hier?«, bohrte er weiter.

»Noch nicht lange genug.«

Ein Windstoß blies meine Haare ins Gesicht, was ihn lächeln ließ. Die Falten, die die Mundwinkel nach unten zogen, verrieten einen Hang zum Zynismus.

»Sie machen Urlaub in der Lodge?«, nahm ich den Faden wieder auf.

»Segeltörn. Zwei Tage Pause. Landgänge mit heißer Dusche und einem Bett, das nicht schaukelt.«

»Große Crew?«

»Vier Männer.«

Er leerte sein Bier in einem Zug, stellte die Flasche auf das Brett, das als Tresen diente, und stellte sich breitbeinig vor mich hin, beide Hände in die Taschen seiner Jeans schiebend. Geballte Männlichkeit.

Ein Gedanke schoss in meinen Kopf, der ins Stocken geriet, weil Adrian sein Gewicht von einem Bein auf das andere verlagerte und mit dem offenen Blick eines unschuldigen Kindes fragte: »Schon mal gesegelt?«

»Ja. Vom Pferd«, gab ich zurück.

Adrian lachte schallend und ließ eine schmale Lücke zwischen den Vorderzähnen aufblitzen: »ziemlich laut hier«.

»Was schlagen Sie vor?«, sagte ich und schielte auf den Rücken seiner ausgeprägten Nase. Feine Schuppen lösten sich von der geröteten Haut. Er kam so nah, dass ich in der Tiefe seiner Iris nach einem Halt suchte. Blaugrün. Wie die See an guten Tagen.

»Zunächst das Du.«

»Und nach dem zunächst?«

»Ans Meer.«

Diese wenigen Worte, die nicht mehr verrieten als die Freude am Spiel, stachelten mich an. »Einverstanden. Aber ich bestimme den Weg.«

Die Sterne und der Sichelmond hingen kraftlos am Himmel. Sie beleuchteten die Felder und Gärten nur schwach. Schritt für Schritt tastete ich mich voran. Der sandige Pfad war uneben, und alle paar Meter kreuzte ein Graben den Weg. Das wirre Netz von Wasserkanälen hatte sich im Laufe der Jahre den jeweiligen Besitzverhältnissen angepasst. Es roch nach feuchtem Laub. In der Ferne erinnerten ein paar Kröten mit ihrem Quaken an knarzende Holzrätschen bei einem Fastnachtsumzug. In manchen Nächten tummeln sich in den Wasserbecken Hunderte dieser Tiere, die tagsüber ihren Muskelkater im schützenden Grün ausschlafen und Ruhe geben, so wie jetzt. Dafür erklang die Melodie des Südens, der vielstimmige Chor der Zikaden und das ewige Rauschen der Brandung. Ab und zu knackte ein trockener Zweig unter unseren Füßen, sonst nichts. Rechts und links wuchsen Bananen, mindestens vier Meter hoch, dann kamen die Zuckerrohrfelder.

»Pass auf, dass Du dich nicht schneidest. Die Blätter sind scharf«, warnte ich Adrian mit einem Blick über die Schulter.

Er war dicht hinter mir. Zwanzig Meter weiter, am Ende der Plantage, wurde es heller und weitläufiger. Wir näherten uns den Hinterhöfen der Fischerhütten mit den improvisierten Ställen, kreuz und quer gespannten Wäscheleinen und Gerümpel, das hier zu Lande nichts mit Abfall zu tun hat. Ich spähte konzentriert auf den Trampelpfad, um in meinen Schläppchen nicht zu stolpern. Adrian ging jetzt neben mir.

»Alle Achtung. Du kennst dich gut aus.«

Dabei stieß er einen Pfiff aus, der prompt einen zusammengerollten Hund unter einem Schuppendach und ein paar Hühner auf dem Baum aufschreckte.

Der Hund knurrte gefährlich, stand auf, schüttelte sein kurzes Fell, drehte sich zweimal um die eigene Achse und ließ sich wieder auf den Boden fallen.

»Hier entlang.« Ich zupfte ihn am Ärmel und schlüpfte durch eine schmale Passage zwischen zwei Steinfassaden hindurch.

Im linken der beiden geduckten Häuser wohnte eine der vielen Marias, eine alte Frau, die Ziegenjoghurt und Käse verkauft, im rechten eine vielköpfige Familie, deren Namen ich nicht kenne. Aber ich wusste, dass sie keinen Hund haben, der Fremden in die Waden zwickt, was bisweilen vorkommt. Auf der Uferstraße waren wir sicher. Links standen noch drei, vier niedrige Häuser vor der Lodge. Dann öffnete sich der weitläufige Strand. Rechts von uns rauschte die Flut über angeschwemmte Steinmassen, die beim Zurückrollen gewaltig donnerten. Die Erde zitterte vor jedem Atemzug des Ozeans. Die Luft war feucht und kühl. Wir gingen schweigend nebeneinander her, und ich begann mich allmählich zu fragen, wohin dieser Spaziergang führen würde. Um die Leere zu füllen zwischen Menschen, denen die Vertrautheit fehlt, räusperte ich mich.

»Mir ist nicht nach Schwimmen zu Mute. Wir könnten von der Hotelmauer aus das Meer beobachten.«

Adrian setzte ein spitzbübisches Grinsen auf, schürzte die Lippen und zählte laut.

»Eins. Zwei. Drei.«

Dann spurtete er los.

Ich folgte ihm, rannte über den sandigen Weg wie ein Springbock, denn ich hatte Mühe, meine Sandalen nicht zu verlieren. Die kurze Strecke bis zur Anlage nahm mir die Puste. Vor dem Eingang blieb ich stehen, bückte mich und tat so, als stimme etwas mit meinen Sohlen nicht, sog dabei die Luft ein wie nach einem Tausendmeterlauf und lachte, mehr aus Verlegenheit. »Warte kurz. Bin gleich zurück.« Er drehte sich um und verschwand unter dem Torbogen der Lodge.

Dort war das Fest noch in vollem Gang. Gitarrenklänge, Stimmen und Gelächter hingen in der Luft wie die Lichterketten unter den Pavillons, die den Garten mit dem üppigen Bewuchs beleuchteten.

Nach der kurzen hitzigen Phase begann ich zu frösteln und sah mich um. Das Gelände wirkte seltsam fremd. In manchen Nächten schliefen Fischer am Strand zwischen den Holzbooten. Die Umrisse der umgedrehten Kähne waren schwach zu erkennen, mehr nicht. Die Bucht versandete im völligen Dunkel. Monoton und langweilig. Nur die Zweige der Akazien warfen bizarre Muster auf den leichenblassen Beton der Plattform, die vor mir lag wie eine übergroße Grabesplatte. Imaginäre Zeichen von dürren Geisterhänden geführt. Der Friedhof, keine zwanzig Meter entfernt, strahlte Gedanken an die Unterwelt aus. *Gôn Gôn*, die Seele der Toten, von der Lorina mit ehrfürchtiger Stimme sprach, erwachte in meinem Gedächtnis, und ich war froh, den knirschenden Kies zu hören, bevor die schwarze Magie meine Sinne verwirren konnte. Rasch drehte ich mich um. Adrian näherte sich mit dem entschlossenen Schritt eines Mannes, der die Hürden des Lebens locker überspringt. Eine Decke unter dem Arm und zwei Bierflaschen in der Hand sagte er: »komm« und überquerte die Terrasse. Ich folgte ihm wie ein Schaf seinem Hirten. An der Stelle, wo die Mauer zur Meerseite hin gut drei

Meter hoch ist, warf er die Decke über die Brüstung. Tagsüber riecht es hier nach Algen und Sonnenöl, wenn sich Touristen die Füße platt stehen und ihre gereizten roten Augen reiben. Die hie und da aufblitzenden Wellenkämme sehen den Flossen der versprochenen Wale zum Verwechseln ähnlich. Wenn sie Glück haben, belohnen ein Schwarm springender Delphine oder die Rückenflossen der Thunfische ihre Ausdauer. Und an besonderen Tagen, wenn das Jahr noch jung ist, verweilen auch ein paar Buckelwale in den Tiefen des Ozeans, tauchen auf und blasen ihre mächtigen Fontänen in die Höhe, dass den Beobachtern die Luft wegbleibt. Jetzt sah man nichts als eine blauschwarze Masse, die bedrohlich grollte und mit Steinen, groß wie Medizinbälle, spielte, als seien es Murmeln.

Ich setzte mich auf die Decke, ließ die Beine über die Mauer baumeln und nahm einen Schluck aus der eiskalten Flasche. Schlagartig kroch eine Gänsehaut meine Arme hinauf und über den Rücken hinunter bis zu meinem Po, der immer noch schmerzte. In der Eile hatte ich vergessen, eine Jacke mitzunehmen. Nun schlotterte ich in der leichten Bluse und dem kurzen Rock. Das wäre eine Erklärung für das wohlige Gefühl, als Adrian dicht an meine Seite rückte und einen Arm um meine Schulter legte. Aber diese selbstverständliche Geste alter Ehepaare löste ein starkes Verlangen nach mehr aus. Ich wollte seine Haut berühren. In meinem Bauch machte sich Brausepulver breit, eine überschäumende Energie.

»Hast du eine Zigarette?«, fragte ich.

Wortlos zog er ein zerknautschtes Päckchen und ein Feuerzeug aus der Brusttasche seines Hemdes. Dann nahm er den wärmenden Arm von mir, schüttelte zwei Zigaretten heraus, rieb sie auf dem Oberschenkel glatt und zündete beide an. Eine der beiden steckte er in meinen Mund. Ich nahm einen Zug und musste husten. Meine Lunge war nicht mehr an Rauch gewöhnt. Jeder Teenager hätte sich reifer benommen.

»Weshalb bist du hier gelandet?«, fragte er, klopfte mir dabei sachte auf den Rücken und ließ die Finger weiter über mein linkes Schulterblatt wandern, als lese er Braille.

»Ich hatte genug. Genug vom Zuviel der falschen Dinge.«

»Und warum dieses Dorf am Ende der Welt?«

»Weil ich die Wahl hatte«, antwortete ich, blies den Rauch in die Luft und drehte den Fragespieß um.

»Und was tust du, wenn du nicht segeln gehst?«

»Angeln.«

Beinahe wäre mir »Frauen?« rausgerutscht, aber ich verlor die Lust an dem Spiel, deshalb sagte ich: »Große Fische mag ich nicht und kleine am Haken tun mir leid.«

»Dann habe ich es also mit einer Idealistin zu tun.

Lass mich raten. Biologin oder Aktivistin?« »So ähnlich. Ich gestalte meine Welt. Bin als Innenarchitektin mit Visionen unterwegs. Und du?«

Adrian machte ein Gesicht wie Günther Jauch auf der Suche nach dem passenden Satz. »Eigentlich Forscher. Mich interessieren die Wechselwirkungen zwischen Marktwirtschaft, Politik und Mensch. Die Psychologie der Börse. Das ist hochspannend. Aber jetzt fesselt mich etwas anderes. Eine faszinierende Frau. Verstehst du?«

»Besser, als du denkst.«

»Du zitterst ja«, meinte er, während seine Hand über meine Taille glitt und mein Oberkörper sich wie von selbst seinem zuwandte.

»Amelie«, flüsterte er und strich eine Haarsträhne aus meiner Stirn.

Eigentlich brauchte es keine Worte, denn wir wussten die ganze Zeit, was geschehen würde. Es war diese erregende Anziehungskraft vom ersten Augenblick an, diese Lust zu entdecken, den anderen und sich selbst. Dabei war es lange her, dass jede Zelle meines Körpers derart elektrisiert wurde. Aber man verlernt sie nie, die Liebe. Ich ließ die Zigarette fallen, legte meine Arme um seine Schultern, spürte seine Lippen an meinem Hals und roch seinen heißen Atem nach Bier und Zigaretten. Und noch etwas. Ein Duft, der mir einen tiefen Stich in den Magen versetzte, als ob mich ein Schwert durchbohrt hätte. Wolfram. Es war *Niance*. Die Bodylotion. Wolfram liebte diese exklusive Schweizer Herrenpflegeserie. Irrtum ausgeschlossen.

Seit ich denken kann, haben sich Düfte in mein Gehirn gebrannt. Ich war regelrecht süchtig danach, die Welt zu erriechen. Bevor ich etwas in den Mund schob, hielt ich es mit geschlossenen Augen an die Nase. Mutter erwischte mich mehr als einmal dabei, als ich ihr Toilettenschränkchen durchstöberte, Deckel von Tuben, Porzellandosen und Cremetiegeln aufschraubte, Kristallflaschen mit Parfums öffnete und meine Puppen damit bedachte. Später schloss ich mich im Badezimmer ein, um unbemerkt auf Entdeckungsreise zu gehen. »Verwechsle das Bad nicht mit dem Schlafzimmer«, mahnte Mutter in nachsichtigem Tonfall. Die Neigung ihrer Tochter beunruhigte sie nicht, noch nicht. Das, was sie verwirrte, kam später und veränderte ihre Stimmlage.

»Amelie«, kreischte sie, die letzte Silbe nach oben ziehend, als sie den Pferdemist entdeckte. Ich hatte ihn in einer Plastiktüte unten im Schrank bei den Socken aufbewahrt, um daran zu schnuppern, wenn die Sehnsucht nach meiner Stute unerträglich wurde.

Zwei, drei Jahre danach begann ich an meinen Slips

zu riechen, bevor sie in die Wäsche wanderten, was wohl mit der Pubertät zu tun hatte, wie dieses brennende Gefühl des Widerstands, das der Qualm einer Zigarette gleich mehrfach auflodern ließ. Sobald Brahms in der Luft lag, begann es mit dem heimlichen Entfachen des Streichholzes am geöffneten Fenster des Badezimmers, gipfelte in jedem einzelnen, hastig genommenen Zug tief in die Lunge hinein und endete mit dem kalten Rauch, der sich beim vierhändigen Klavierspiel von meinen Fingern löste und Mutters Nerv traf. Ich spürte, wie sie sich dicht neben mir verkrampfte, eine falsche Taste anschlug und unsere ungarischen Tänze aus dem Takt gerieten. Derlei Abartigkeiten schrieb sie vermutlich meiner Herkunft zu, da ihr alles Fremde unbehaglich war. Vielleicht fürchtete sie mein genetisches Erbe väterlicherseits. Da ich erst nach ihrem Tod von der Existenz meines kapverdischen Vaters erfuhr, bleibt mir nichts als Spekulation. Immer wieder denke ich darüber nach, was sie sagte und was sie nicht sagte an einem dieser klassischen Adventssonntage bei Tee und Gebäck im Salon unseres Hauses.

»Amelie ist ungewöhnlich.«

Dieser Satz, gesprochen mit dünner monotoner Stimme, hing wie eine offene Frage im Raum, als ich hereinkam und sie mich ansah, seltsam entrückt, als wäre ich ein Geist.

Tante Dodo legte die Stirn in Falten. Sie wusste so wenig wie ich von Mutters Geheimnis.

Weshalb auch immer bereitete es mir eine prickelnde Befriedigung in fremden Badezimmerschränken zu schnüffeln. Manchmal reichte ein flüchtiger Blick auf die Parfumflakons, um auf den Charakter ihrer Benutzer zu tippen. Insgeheim schloss ich Wetten ab und lag selten daneben. Bei Wolfram bin ich mir bis heute nicht sicher. Niete oder Hauptgewinn. Irgendwie beides, denn in jeder Niederlage liegt auch ein Gewinn. Jedenfalls hatte er mich betört, so sehr, dass ich in der ersten Verliebtheit nicht genug kriegen konnte von ihm, seinem klugen Geist und dieser seltenen Ausstrahlung. Er hatte stets alles unter Kontrolle, die Menschen um ihn herum, sich selbst, seinen Körper, sein Adrenalin. Wenn er schwitzte, roch er nie unangenehm. Es schien, als habe er schon als Kind zarte Duftmarken gesetzt in der ausgewogenen Welt, in die er hineingeboren wurde, und in der weniger mehr ist, weil es nie einen Mangel gab. Deshalb litt er oft an heftiger Migräne nach Ausflügen in die andere Welt. Deprimierende Gerüche nach Bohnerwachs und Kohlsuppe, der Gestank nach Abfall und klebrigem Billigparfüm, das er Nuttendiesel nannte, und das sich durch die edlen Stoffe seiner maßgeschneiderten Anzüge fraß bis tief hinein in sein limbisches System, machten ihm zu schaffen. Auf Geschäftsreisen nahm er vorsorglich Desinfektionsmittel und Aspirin selbst in teure, sterile Hotels mit, während ich mich in sein getragenes Shirt kuschelte. Der vertraute Geruch überdeckte die Einsamkeit, wie früher, als Mutters süßer Duft nach Geborgenheit und Wärme noch Trost spendete.

Die Zeit lässt so manche Erinnerung schrumpfen wie eine Trockenfrucht. Übrig bleibt nichts als der Kern. Ich vergesse Namen, Gesichter, Geschichten, Telefonnummern. Niemals jedoch einen bestimmten Geruch, der mit einem Erlebnis oder einem geliebten Menschen verknüpft ist. Sofort entsteht ein Bild, schärfer und umfassender als jedes Foto. Hefekuchen und ich sehe meine Großmutter im Schwarzwald mit den harzigen Tannen, feuchten Moosen, blühenden Wiesen. Nähmaschinenöl und Tante Dodo taucht auf. Nutella und meine kleine Schwester ist da. Saure Milch und mich würgt es vor Ekel und Chemielehrer Martens.

Und nun war es dieser Atemzug, der dem Knistern alle Spannung nahm. Mehr noch. Scharf wie ein Fleischmesser drang er in tiefe Schichten, mitten hinein in mein Innerstes, wo es schläft, dieses bösartige Tier. Ich zuckte zusammen vor Schmerz, nahm seinen Kopf in meine Hände und sagte:

»Es geht nicht.«

Das Blaugrün seiner Augen verlor sich verschwimmend in meinem Blick.

»Tut mir leid. Ich muss weg. Sofort«, sagte ich und versuchte zu lachen, um die Tränen zurückzuhalten.

Doch nur ein heiserer Ton, ein Krächzen, entwich meiner Kehle. Es klang falsch, wie die ganze Szene, dieses Paradox des Lebens.

2

Schwein gehabt

Senhor Ramos unterbrach seinen rhythmischen Gang, blieb abrupt stehen und blickte mir direkt in die Augen. Gewöhnlich grüßt er mit minimaler Drehung seines Kopfes, ohne die Geschwindigkeit zu drosseln, wenn wir einander begegnen. Ohne diese gleichmäßig fließenden Bewegungen mit den elastischen Beinen, federnden Knien, exakt abrollenden Fußsohlen, konzentriert wie ein Athlet, würde seine Ladung aus dem Gleichgewicht geraten. Meist balanciert er dicke Bündel Bambusstangen, Rohmaterial für Beschattungen oder einen Turm aus Grünzeug, Futter für drei Kühe, auf seinem dichten Haarschopf. Woher er kommt auf dem steinigen Weg aus den Bergen hinunter ins Dorf, weiß niemand genau, so verzweigt sind die Pfade, die selbst geübte Wanderer in die Irre führen. Beschilderungen und ein befestigtes Wegenetz braucht José Ramos so wenig wie die Frauen, die Schwergewichtiges über schwindelerregende Höhen auf ihren Köpfen tragen. Dort, wo der Straßenbau vor dem unwegsamen Gelände kapitulierte, also beinahe überall im Inselinnern und manchmal auch an der Steilküste, legen Gasflaschen, Zementsäcke und Nahrungsmittel weite Strecken mithilfe von Muskelkraft zurück. Mit Beginn der Zuckerrohrernte ziehen sie wieder, die unermüdlichen Karawanen, von den abgelegenen Feldern zu den Groguemühlen. Es ist spürbar Februar. Die Luft vibriert und trägt ein Gemisch aus Rauch, Diesel und Vergorenem. Das Rattern der schweren Maschinen, die den süßen Saft aus den Stängeln pressen und auf den kleinen Geldsegen und einen ordentlichen Rausch hoffen lassen, setzte gerade ein, als ich den Berg hinaufschnaufte mit Meersalz auf der Haut, das am Rücken zu jucken begann, und einem Korb voller Maniokwurzeln in der Hand, der mit jedem Meter schwerer wurde.

»Geht's gut?«

Senhor Ramos' Mund glich einem schmalen Schlitz, aus Furcht, man könne die fehlenden Zähne bemerken. Verlegen schob er mit der rechten Hand den Cowboyhut etwas tiefer in die Stirn. Die andere Hand umklammerte den Riemen eines schmutzigen Sacks, der von seiner Schulter hing. Er wirkte verändert ohne die übliche Last auf dem Kopf. Ein schüchternes Lächeln in seinem hohlwangigen Gesicht kündigte an, dass er etwas sagen wollte, aber die Worte nicht fand. Das Sprechen war ihm abhandengekommen, seit seine Gedanken Tag und Nacht um Existenzielles kreisen, weil sein Bruder auf der Suche nach einer verirrten Ziege hundert Meter in die Tiefe gestürzt war, keine halbe Stunde vom Haus entfernt. Dieser tragische Unfall geschah drei Tage vor dem vierzigsten Geburtstag des Bruders. Nun hatte er zwei Großfamilien zu versorgen und einen Haufen Tiere, die das Überleben sichern halfen.

Ich stellte den Korb auf den Weg und sah, dass der Sack zappelte. Ein Quieken, durchdringend und herzzerreißend, übertönte das Knattern. Es klang wie ein Baby, das schreit. Ich riss die Augen auf. Das Zeichen für Senhor Ramos, den Stoffbeutel behutsam abzulegen und den Strick zu lösen. Eine ovale Steckdosenschnauze, abstehende Ohren und wasserblaue Augen tauchten auf. Sie gehörten zu einem Ferkel, an den Beinen gefesselt, nicht größer als ein Jack Russell, mit schwarzen Punkten auf rosa Haut. Nun purzelten die Worte über Senhor Ramos' Lippen.

»Willst kaufen? Kost nich viel. Tresch cont. Kannst gleich haben.«

In Blitzgeschwindigkeit sendete mein mentales Rechenzentrum grün. Dreitausend Escudos, macht etwa dreißig Euro.

»Ja. Ja, ich will«, hörte ich mich sagen wie eine Braut vor dem Traualtar, nur viel spontaner. Dieser Reflex hatte mit einem Grundbedürfnis zu tun oder gleich mit mehreren. Dazugehören. Tierliebe. Schwein haben. Rasch setzte ich ein Lächeln auf und nickte albern, um meinen Kauf zu besiegeln, bevor mir klar wurde, was für ein Blödsinn das war. Wo sollte das Tier denn wohnen? Ich hatte weder einen Stall noch Lust auf Schweinegestank. Wie Ferkelchen wohl riechen?

»Du spinnst«, die Worte meiner Schweizer Freundin auf der anderen Seite der Insel nisteten in meinem Gehirn wie Vögel vor der Brut.

Ich bereute, sie angerufen zu haben, aufgeregt, wie ich war.

»Ich hab noch Zeit für das Gatter. Miss Rose zieht erst später ein«, sagte ich.

»Miss Rose? Tiere mit Namen isst man nicht. Deshalb?«

»Ich hätte es auch Frederick getauft, nach Helme Heine, dann würde es Freunde finden. Mäuse und Hähne gibt es ja. Aber es ist kein Eber, dafür niedlich wie ein junger Hund. Wo ist das Problem?«, gab ich trotzig zurück, weil niemand meine Freude teilte.

»Alle Ferkel sind süß, aber niemand würde so viel für einen Frischling bezahlen.«

Dass Véronique recht hatte, war das Problem und

meine Spontaneität. Wen interessiert schon das Für und Wider der Schweinehaltung. Gesetze und Erlasse beim Blick in diese schreienden, hellen, beinahe menschlichen Augen. Bestimmungen, dass Schweineställe nichts in der Nähe der Häuser zu suchen haben. Hygienegründe.

Lorina, die ihre Finger noch tiefer in den Hefeteig grub, als sie hörte: »José Ramos bringt das Ferkel gegen fünf«, schnaubte laut und sagte kein Wort.

Wenig später quollen dann die Ideen aus ihrem Kopf, wer, wo, was bauen könnte, bevor die Nachbarn kamen mit Ratschlägen, nützlichen und anderen, und Senhor Ramos mit Miss Rose, der Teuren, dem Goldstück, die mehr wog als gedacht.

»Mill Schcud plus.«

Tausend Escudos obendrauf. Nicht einmal die Sonne hielt sich zurück. Sie ließ die Felsen an der Stelle glühen, wo ich den Stall im hinteren Winkel des Gartens geplant hatte.

Es war ein langer Tag. Er war natürlich genauso lang wie alle anderen, aber es gibt Tage und Nächte, die rückblickend vor Bedeutungslosigkeit derart geschrumpft sind, dass weniger als ein Kern übrig bleibt und andere, die prall gefüllt ihre Spuren hinterlassen. So ein Tag war das. Hundemüde vor lauter Schwein fiel ich kurz nach neun ins Bett und fand keinen Schlaf. Lorina spazierte in meinem Kopf herum. Sie war mir seltsam fremd. Wie vor einem Jahr, als sie das erste Mal unter der Türe stand mit ein paar Stängeln Koriander in der Hand, an denen sie nervös zupfte. Ihre Lippen öffneten und schlossen sich wie die eines Fischs auf dem Trockenen. Ihre Augen wanderten hilflos in meinem Gesicht herum auf der Suche nach Worten. Auf Höhe der Stirn blieben sie dann stehen, das Freizeichen für die warmen Töne aus der Kehle.

»Hast du Arbeit für mich?«

»Wenn das die Kräuter überleben«, antwortete ich, um sie zum Lachen zu bringen.

Seitdem hilft sie vier Tage pro Woche im Haushalt, macht Besorgungen und was sonst so anfällt, um einen Monatslohn zu rechtfertigen, der einer Servicekraft entspricht. Und heute Abend in der Küche, als sie die Zwiebeln für die Suppe schnitt, hielt sie plötzlich inne, wischte sich über die feuchten Augen und sah mich mit diesem suchenden, hilflosen Blick an, wortlos, wie damals. Ich habe ihn versäumt, den richtigen Moment, der die Frage erlaubt: »Was ist denn los?« Jetzt erst fiel mir auf, wie wenig ich wusste von ihrem Leben, das sich leicht erklärt, aber schwer erträglich ist. Zwei ihrer Töchter leben bei Verwandten auf Santiago, in einem Dorf bei Praia, das sie verlassen hat, nachdem sie verlassen wurde. Das kannte ich. Nur war ich weder schwanger, noch siebzehn gewesen. Ihr Baby im Bauch kam nie hier an. Fehlgeburt oder etwas Ähnliches. An meinem schlechten Kreol lag es nicht, dass ich nicht verstand.

»Hier traf ich Jojo. Er machte mir ein neues Kind. Dann war er weg, fand Arbeit auf Sal. Manchmal besucht er mich, bringt Geld. Und Süßigkeiten. Sehr lieb. Wenn er betrunken ist, dreht er die Musik auf und schickt Mimmo, unseren Sohn, raus. Dann hasse ich ihn.«

Wann Jojo im Dorf war, wusste ich genau. Das waren die Tage, an denen Lorina nicht zur Arbeit kam oder in langärmligen Blusen und Röcken, die bis zum Knöchel reichten. Ich sollte sie nicht bemerken, ihre Scham und die Pein, die die Blutergüsse hinterließen. Doch ich sah sie, die Zeichen der Wut und Hilflosigkeit, die die dunkle Haut so gut kaschiert. Aber ich ahnte nichts von ihren Gefühlen, Gedanken und Plänen, was sich bald ändern würde. Sehr bald.

Die Sonnenstrahlen blitzten gerade über die Bergspitze und verwandelten das Spinnennetz in der Fensterecke in ein Wunderwerk aus Silberfäden, als Gebell der Hunde und andere tierische Laute an meine müden Ohren drangen. Quiek. Quiieek. Miss Rose. Sofort war ich hellwach, schwang mich aus dem Bett und lief halb nackt und barfuß in den Garten, um nachzusehen, ob der notdürftig gezimmerte Koben zwischen Gummibaum und Steinmauer ihrem Temperament standgehalten hatte. Die beiden Hunde rannten schwanzwedelnd neben mir her, und so schauten wir zu dritt in den Bretterverschlag. Das Ferkel lachte. Wie auf einer Postkarte, nur gefleckt. Ein Mischling. Schwarze Pigmente auf rosa Haut. Wie ich. Beruhigt, als handele es sich um ein Kleinkind in Pflege, das zufrieden in seinem Laufgitter spielt, pflückte ich ein paar reife Früchte von dem alten Wintermangobaum. Ich nannte ihn so, weil er zu einer frühreifen Sorte zählte. Mangos gehörten nicht zur Leibspeise des Frischlings. Während ich dem Tier zusah, wie es die Früchte mit seiner Schnauze grunzend über die Erde schob, kamen die Zweifel an meiner Courage. Mir fehlte die Erfahrung mit Schweinen. Irgendwo hatte ich gelesen, dass soziale Wesen wie Tiere nur in Gruppen glücklich leben. Eine einleuchtende These. Ein zweites Ferkel kam nicht infrage. Dieses war schon illegal. Vielleicht würde sich eine bessere Bleibe finden.

»Weißt Du, wer ein Schwein brauchen könnte?«, fragte ich Lorina später, als sie ihre Küchenschürze umband.

»Wie jetzt?«, antwortete sie gedehnt, mit einem genervten Blick, dem kein weiteres Wort folgte. Mund auf. Mund zu.

»Na ja. Ein Ferkel allein ist nicht gut. Und im Garten

kann es auch nicht bleiben. Ich würde es in gute Hände geben.«

Sie ging an mir vorbei, leicht schlurfend, die Füße in direkter Verbindung mit dem Herz. Dann bückte sie sich, schwerfällig wie eine alte Frau, dabei war sie knapp dreißig, zog einen Eimer unter der Spüle hervor, stellte ihn unter den Wasserhahn und drehte auf.

»Ich gehe putzen. Fliegendreck überall.«

Durch den Wasserschwall klang dieser Satz so dumpf wie sein Inhalt.

Ich trat neben sie, öffnete das Fenster, um die bleierne Melancholie zu vertreiben. Dann legte ich meine Hand auf ihren muskulösen Unterarm und ließ heraus, was mich lähmte wie der *bruma seca*.

»Lorina. Was hast du eigentlich? Du wirkst so traurig. Ist es wegen Jojo?«

Ich beobachtete, wie sich ihr Profil veränderte, ein leichtes Zucken im Mundwinkel und die starr nach vorne gerichteten Augen, die sich mit Wasser füllten. Dann gab es kein Halten mehr. Als ob meine Worte eine weitere Schleuse geöffnet hätten, stürzten die Tränen über ihre Wangen. Noch nie hatte sie in meiner Gegenwart derart geschluchzt. Reflexartig legte ich meine Arme um ihre massigen Schultern und tätschelte sie wie ein Pferd, das nicht fressen will. Das machte die Sache nicht besser. Sie begann, laut zu heulen und krampfartig nach

Luft zu schnappen, als ob heftige Eruptionen in ihrem Inneren tobten. Ich bekam Angst, sie würde ersticken und ließ sie los. Irgendwo musste eine Küchenrolle oder ein Handtuch liegen. Nur wo? Schlagartig beruhigte sich ihr bebender Körper. Die schweren Brüste hoben und senkten sich kräftig und gleichmäßig im Takt der Lungen. Energisch zog sie ihre weiße Schürze hoch, schnäuzte mit einem tiefen »schschschsch« hinein und wischte sich mit einem Zipfel des Stoffs über die Augen. Das Handtuch war nicht mehr nötig.

Sanft legte ich die Fingerspitzen meiner rechten Hand auf ihren Rücken, spürte durch den Stoff ihres Shirts die Wirbelsäule, die dem leichten Druck nachgab. Sie ließ sich zum Küchentisch bewegen neben den Stuhl. Ich schenkte kalten Zitronengrastee in ein Glas und stellte es vor sie hin. Lorina sank wie ein schüchternes Schulmädchen, den Kopf geneigt mit hängenden Wangen, auf das Stuhlkissen.

»Also Jojo«, sagte ich und verkniff mir Weiteres.

Sie hob die geröteten Augen und sah aus wie ein Hund mit schlechtem Gewissen.

»Schlimmer«, murmelte sie.

Was gibt es Schlimmeres als Jojo, dachte ich und ersparte ihr meinen Zynismus.

»Ich hab das Visum. Für Luxemburg. Und Arbeit. Ein gut bezahlter Job. Wir brauchen das Geld.«

»Was? Du willst gehen? Du verlässt mich?«

Nun war ich es, die sich setzen musste.

»Und weshalb heulst du dann?«

Mein Mitleid schlug von einer Sekunde auf die andere um in Wut und Enttäuschung. Was genau mir den Boden unter den Füßen wegzog, hätte ich gar nicht sagen können.

»Weil. Wegen Mimmo«, stammelte sie.

»Er kann nicht mit. Ich dachte, er könnte vielleicht bei dir bleiben, bis …«

Sie geriet ins Stocken, als sie meinen Augen begegnete. So wie ich sie noch nie hatte weinen sehen, hatte sie mich noch nie zornig erlebt. Ich stand auf, schritt hin und her, ausladend, mit dem Gang eines Veteranen. Die Sohlen meiner Sandalen klangen auf den Steinplatten drohend wie Faustschläge. Bumm. Bumm. Bumm.

»Wie stellst du dir das vor? Ich habe schon zwei Kinder. Erwachsene. War nie eine gute Mutter. Ich kann das nicht.«

Kein gutes Argument. Mein Gehirn funktionierte nicht. Etwas war zersplittert. Ich kannte das. Verlustangst löste die Scherben aus, die ich nun wieder zusammensetzen musste. Lorina war mir vertraut. Ich würde sie vermissen, wie alle Menschen, die ich mag. Ich setzte mich wieder, ratlos, knetete meine Finger, jeden einzelnen, als ob darin die Lösung läge.

»Mimmo kann nach Praia. Aber bis Ostern muss er bleiben. Schule ist wichtig. Du magst ihn doch. Er ist gut in der Schule. Ich habe keine Verwandten hier. Und Jojo auch nicht. Später hole ich ihn. Nach Luxemburg. Er soll es besser haben. Bitte. Bitte hilf uns.«

Wie durch einen Vorhang drang ihre Verzweiflung zu mir vor. Ein Schleier aus gedämpften Worten, der mich einhüllte und taub werden ließ. Ich schenkte Tee in die Kaffeetasse und trank. Das half.

»Lass mir Zeit, Lorina.«

»Aber ich hab keine. Keine Zeit. Kein Geld. Kein Glück«, stammelte sie und begann wieder zu schniefen.

»Wann?«, fragte ich, um das Gespräch in eine sachliche Richtung zu lenken.

»In zehn Tagen«, sagte sie und betrachtete stirnrunzelnd ihre Fingernägel, auf denen der lila Lack abgebröckelt war.

»Na dann, nichts wie los.«

Entschlossen klatschte ich in die Hände und freute mich insgeheim über die Wirkung. Sie hob den Blick und sah mich erstaunt an, während ihre Lippen weicher wurden, sich zu einem Lächeln dehnten, eine Reihe makelloser Zähne freigaben und dieses immer lauter werdende Kichern, das die letzten Schwaden der Trübseligkeit vertrieb. Lachen ist viel schwieriger als Weinen. Diese Hürde hatten wir genommen. Mehr nicht.

Bevor Lorina ins Dorf ging, um ein paar Lebensmittel einzukaufen und nebenbei einen würdigen Platz für Miss Rose zu suchen, stieß sie Nadeln in mein Herz. Eine nach der anderen. Ihre Geschichte piesackte mein Gewissen. Obwohl ich nicht verantwortlich bin für das Leid dieser Welt, fühlte ich mich schuldig, wollte etwas gutmachen und ließ sie herein, die Bilder von Hunger, Angst, Krankheit, Tod durch Bandenkriege, Naturgewalten, soziale Not – und noch etwas. Die Gerüche.

»Es stinkt immer nach irgendwas Ekligem. Nach Pisse, Fett, Schweiß, Chlor, Kacke. Und riecht es mal gut, nach Feuerholz, Cachupa, Fisch, dann fegt der Wind den Duft davon, und es ist wie immer. Ranzig, faulig, tot. Das klebt an dir wie zäher Leim.«

»Ich weiß«, sagte ich.

Das war glatt gelogen. Die Slums dieser Welt aus dem Fernsehen waren geruchlos und verblassten rasch unter dem Berg von Schreckensnachrichten. Lorina nahm keine Notiz davon. Sie fuhr fort, monoton, als spreche sie mit sich selbst, denn solche Dinge erzählt man nicht gerne, höchstens einer sehr guten Freundin, die man schon lange kennt.

»Du siehst nichts als Fliegen, Staub und Enge in dem stickigen Haus. Es steht neben anderen Hütten. Hat dasselbe niedrige Dach aus Wellblech. Ist im Sommer zu heiß und im Winter zu kalt. Ekelhaft. Wir hatten nicht mal Wasser aus dem Hahn. Und wenn das Wasser kam, von oben, dann wie aus Eimern. Braunrote Soße. Ketschup lief an den Wänden herunter.«

Sie lehnte sich zurück und verschränkte die Arme vor der Brust, als wolle sie diesen Widrigkeiten trotzen, für alle Zeit.

»Manchmal waren wir neun. Neun Leute in drei winzigen Zimmern. Und es gab nur ein Bett. Abwechselnd schliefen wir darin. Oder auf den Matten. Auf dem harten Boden. Zum Liebe machen trafen wir uns draußen. Hinter den Felsen. Zwischen den Hügeln. Oder am Strand. Manchmal auch dort. Mutter hat acht Kinder geboren. Die Zwillinge sind früh gestorben. Ich habe es gleich gewusst. Man konnte es hören. Sie schrien nicht wie andere Babys. Weinten leise, wie Katzen«, sagte sie mit einer dünner werdenden Stimme.

»Mutter hatte immer eine Idee, wie sie uns satt kriegt. Manchmal verkaufte sie Feldfrüchte in der Stadt. Beim afrikanischen Markt am Straßenrand mit anderen Frauen. Sie hatte raue Hände. Vom Arbeiten und von der Lauge. Sie wusch die ganze Zeit. Tag und Nacht flatterte Wäsche auf der Leine. Und alles roch nach Chlor.«

Sie seufzte und schaute an mir vorbei an die Wand mit den übervollen Regalen. Ihr unruhiger Blick suchte nach einem Ankerplatz, damit die Gedanken sich ordnen konnten.

»Sie ist gestorben. Blutvergiftung. Gott hab sie selig. Meine beiden Schwestern verkauften auch etwas. Ihre Körper. Sie wurden krank davon. Toni, mein großer Bruder, hielt es nicht mehr aus. Es tat weh. Und er hatte Angst. Panische Angst vor den Drogendealern. Er ist abgehauen zu einem Onkel nach Luxemburg. Dort geht es ihm gut. Er arbeitet. Mechaniker. Hat mir die Stelle besorgt. Soll mich um eine alte Frau kümmern. Ich esse und schlafe bei ihr. In einem richtigen Haus, wie dem hier. Und ich verdiene dreimal so viel wie bei dir.«

Sie nahm das Glas, leerte es in drei Schlucken, stellte es unsanft ab und drehte an ihrem Fingerring aus Blech. Die Glassteine glitzerten beinahe so hell wie Diamanten.

»Jojo ist nicht schlecht. Du täuschst dich. Andere waren schlimmer. Aber er kann Mimmo nicht nehmen.«

Sie kratzte sich mit dem Zeigefinger an der Kopfhaut zwischen dem geflochtenen Haar, als ob sie überlege.

»Er arbeitet. Als Maurer. Auf Sal. Stammt von Fogo. Andere Geschichte.«

Ihre Worte hallten nach. Wie ein Echo aus tausend Geräuschen. Nachdem Lorina die Türe hinter sich zugezogen hatte, spielte es auf, das gewaltige Orchester der Armut, das sich keine Pause gönnt, tagsüber mit hupenden Autos, quietschenden Reifen, Babygeschrei, Hämmern, Klopfen, Schlagen, Trommeln und nachts mit zeternden Frauen, stöhnenden Liebespaaren, flüsternden Drogendealern, weinenden Kindern, bellenden Hunden. Ich konnte nichts dagegen tun. In meinem Kopf lief dieses Szenario ab und hinterließ ein Dröhnen wie nach einer Nacht mit billigem Wein in falscher Gesellschaft. Ich schlüpfte aus den Sandalen, tappte ins Badezimmer und drückte ein feuchtes Tuch gegen Schläfen und Stirn. Ein Pfeifen surrte in meinen Ohren, laut und schrill wie ein bremsender Hochgeschwindigkeitszug. Vielleicht ein Hörsturz? Der grelle Ton hielt nicht lange an. Ein paar Sekunden nur. Dann wurde es still. Ich ging hinaus in den Garten, unfähig, etwas Sinnvolles zu tun. An der Brüstungsmauer stand der geschwungene Stuhl aus Rohrgeflecht, organisch, edel, wie alles hier. Wie ein fremder Gast nahm ich Platz und schaute mich um, betrachtete das Spiel der Blätter im Wind, den wilden Tanz der weißen Schmetterlinge in den Bougainvilleas, ließ die Augen über die mächtigen Lavafelsen hinabgleiten über den silbern schimmernden Ozean und sog den süßen Blütenduft der Zitruspflanzen tief ein. Die warme Luft schickte die müden Rufe der Vögel, das sanfte Rauschen der Brandung und das ferne Hacken der Landarbeiter in den wolkenlosen Himmel, sonst nichts. Die Ruhe ist ein Privileg, dachte ich und fasste einen Entschluss.

Zwei Stunden später, als ich gerade den wuchernden

Salbei im Kräuterbeet zurückschnitt, schlurfte Lorina heran und stöhnte.

»Puh, ist das heiß.«

Mit dem Unterarm wischte sie über ihre feuchte Stirn.

»Mehl und Zucker hab ich. Musste bei Pita anschreiben lassen. Kein Mensch konnte den Schein wechseln. Ich hab's dir ja gesagt.«

Ihre sonst so angenehme Stimme tat mir heute gar nicht gut. Ich richtete mich auf.

»Das sind gerade mal zehn Euro umgerechnet. Ist doch nicht möglich, dass niemand Wechselgeld hat. Ich hasse Schulden.«

Dabei war ich daran gewöhnt, ständig Kleingeld in einer Büchse zu sammeln, um die Lieferanten zu bezahlen, die Eier, Ziegenkäse, Früchte oder Gemüse brachten. Aber irgendwann war die Dose leer und ein Schein musste in Umlauf gebracht werden. Dies hatte Stirnrunzeln und ratlose Blicke der Ladenbesitzer zur Folge, die nach dem Zusammenrechnen der Ware mit dem Taschenrechner automatisch zum Stift anstatt in die Kasse griffen. Die Listen mit Namen von Menschen, die an chronischem Geldmangel litten, waren lang. Sie füllten ganze Bücher. Meinen Namen darin zu wissen war mir ein Greul. Nur widerwillig reihte ich mich ein in die Spezies, die nur sporadisch zu Geld kam oder deren magere Rente für den Grogue-Konsum draufging und deren Kinder die Schulden durch Botengänge, Putzdienste, Erntehilfe und sonstige Gefälligkeiten abarbeiten mussten. Die Zugehörigkeit hatte Grenzen. Ich schüttelte den Schmutz von den Händen.

»Komm mit. Ich hab mir was überlegt«, sagte ich rasch, bevor ich meinen Vorsatz womöglich änderte.

Lorina trottete neben mir her zum Waschbecken. Das frische Leitungswasser kühlte meine Gedanken.

»Mimmo kann bei mir einziehen. Unter einer Bedingung. Wir skypen wöchentlich, ich habe Telefonnummern für den Notfall und wir besprechen das alles ganz genau.«

Lorinas Wärme strahlte ab. Mir wurde heiß zumute. Während ich die Hände trocknete, sah ich, wie ihre Augen feucht wurden und die Muskeln in den Mundwinkeln zu zucken begannen.

»Danke. Claro. Machen wir. Du bist gut. Richtig deutsch.«

Über die Bedeutung dieser letzten zwei Worte wollte ich lieber nicht nachdenken.

»Hast Du eine Bleibe für das Schwein?«

»Maria Paulette kann es nehmen. Ihr gehören die Ställe vor dem Friedhof. Richtung Strand, links unter den Bäumen. Dort laufen die Tiere frei herum.«

»Wann?«, fragte ich erleichtert.

»Heute um sechs. Ich gebe ihr Bescheid. Ja?«

»Einverstanden.«

Zehn Minuten vor der der verabredeten Zeit klopfte es. Das war ungewöhnlich. Maria Paulette mit Kopftuch, Schürze, herbem Gesicht, ausgemergelt und zäh, und einem Gefolge von drei barfüßigen Knirpsen stand vor der Tür. Sie war sicher über siebzig. Als sie die schmale Pfeife aus dem Mund nahm, ihr lückenhaftes Gebiss zum Vorschein kam und ihre achatgrünen Augen misstrauisch die Hunde fixierten, erschien sie mir älter.

»Schscht. Zappa. Jule.«

Ich spürte, als ich die Hunde am Halsband festhielt, wie sich ihre Haare aufstellten. Ihr Knurren klang bedrohlich. Gleich würde es sich zu einem Bellen steigern. Rasch bugsierte ich die beiden ins Hausinnere und schloss die Türe von außen zu.

»Boa tarde«, sagte ich und führte die stummen Besucher mit einer einladenden Handbewegung zum Seiteneingang, dem direkten Zugang zum Garten.

Beim Betreten der Anlage beschlich mich ein seltsames Gefühl. Ich setzte die Füße zaghaft auf, neigte den Kopf in Demutshaltung nach vorne und sprach in gedämpftem Tonfall: »Treten Sie näher, dort hinten ist der Stall«, als ob dies meinen sichtbaren Wohlstand mindern könnte.

Sie folgten mir schweigend im Gänsemarsch vorbei an den üppig blühenden Rosensträuchern, Kräuterbeeten und Hibiskusbüschen unter dem Dach aus Bananenblättern hindurch.

»Tresch cont.«

Maria Paulettes sonore Stimme durchbrach die Stille, als wir vor dem Gatter ankamen und Miss Rose vor Neugierde zu grunzen aufgehört hatte. Ich hatte mit weniger als Dreitausend gerechnet. Angeblich hatte ich den Frischling heillos überbezahlt. Die Worte von Véronique ließen mich gerade darüber nachdenken, ob zweitausend Escudos angemessen wären und wie ich das formulieren sollte, um die Würde der Bäuerin nicht zu verletzen, als sie mich in die Seite stupste.

»Futter ist teuer. Ich nehm dein Schwein. Aber drei Mille brauch ich. Jedes Jahr.«

Die Achate in ihrem runzligen Gesicht funkelten.

Es dauerte ein paar Sekunden, bis ich die Worte fand: »Ja, klar, natürlich«, und Miss Rose umziehen konnte zu den anderen niedlichen rosaroten Ferkeln mit schwarzen Punkten.

3

Yachtträume

Mitten hinein in den Einsatz der Hörner und Oboen hämmerte es. Der Türklopfer. Wer konnte das sein so früh am Sonntag? Rasch trocknete ich die Beine und Füße ab, schlang das Handtuch um meinen nackten Körper, lief vom Bad ins Wohnzimmer und stellte die Musik ab. An Tagen, an denen Lorina nicht im Haus war, gönnte ich mir nach dem Strandgang den Luxus einer heißen Dusche im Badezimmer mit anschließender Hautpflege. Ansonsten genügte der kalte Wasserstrahl im Freien. Um zur Haustüre zu gelangen, musste man durch den Zwischentrakt vom neuen ins alte Haus, das aus einem einzigen Raum bestand. Dort waren die Fensterläden geschlossen. Die Lamellen ließen Licht hindurch, aber kaum einen Ausblick zu. Wer unmittelbar vor der Türe stand, war daher nicht zu erkennen. Die Hunde spielten im Garten mit einem Knochen. Ich drehte den Schlüssel im Schloss und zog die Türe mit der einen Hand einen Spalt auf, mit der anderen Hand hielt ich das Frottiertuch über der Brust zusammen. Jorge. In weißem Hemd, schwarzer Hose, die Hände hinter dem Körper und mit einem breiten Sonntagslächeln im Gesicht, stand er da. Wie ein Mann vor dem Kirchgang, wären da nicht die Plastiktüte, die er hinter seinem Rücken hervorholte und die Sinnlosigkeit, zur Messe gehen zu wollen, weil der Pfarrer sich nicht an Sonn- und Feiertage hielt.

»Komm herein«, sagte ich mit klopfendem Herzen und zog die Türe gerade so weit auf, dass er an mir vorbeipasste.

»Desculpe. A-me-lie.«

Diese Melodie und mein dürftiger Aufzug trieben mir das Blut ins Gesicht.

»Geh schon in die Küche. Ich zieh mir rasch was über.«

Ohne ihn anzusehen, trippelte ich auf Zehenspitzen, als ob die Fliesen eiskalt wären, zurück ins Bad. Der Spiegel war beschlagen. Ich wischte mit dem Handtuch darüber und flüsterte mir selbst zu: »Eile mit Weile«, während ich den Lidstrich zog, etwas Parfum ins Genick spritzte, das Kleid vom Haken nahm und hineinschlüpfte.

»Kaffee?«, fragte ich drei Minuten später beim Betreten der Küche.

Jorge hantierte im Spülbecken, als ob er hier zu Hause wäre.

»Bin auf dem Weg in die Berge. Kondolieren. Hab eine schöne Dorade für dich.«

Den Fischgeruch in der Nase wusste ich, noch bevor ich näherkam, dass er die Schuppen entfernte. Ich kannte sie gut, diese Bewegungen, die Geschwindigkeit seiner rechten Hand, mit der er geschickt das Messer über die Fischhaut gleiten ließ, den linken Zeigefinger ins Maul und den Daumen in die Kieme des toten Tiers gepresst. Schon oft hatte ich ihm und anderen Fischern bei der Arbeit zugeschaut und dabei verborgen, dass es mich schauderte. Eigentlich brauchte ich keinen Fisch. Das Gefrierfach war voll und die Umbauphasen, in denen die Arbeiter hier nach Feierabend aßen, waren abgeschlossen.

»Ein toller Fang«, sagte ich, um ihn nicht zu kränken.

»Trinkst du Kaffee?«

»Immer. Hab nicht lange Zeit. Muss mit dir reden.«

Jorge war mir in den zwei Jahren, seit wir uns kannten, so vertraut, dass mich der monotone Klang seiner Stimme verunsicherte.

»Was für ein Konzert war das?«, fragte er mit Blick über die Schulter.

Er spülte die Dorade ab, legte sie in das Becken nebenan und wusch seine Hände, während ich überlegte.

»Die laute Musik vorhin. Das war gigantisch.«

»Die *Wassermusik*. Von Händel.«

»Händel«, wiederholte er.

»Darf ich die mal hören? Ganz?«

»Bist du gekommen, um mit mir über Klassik zu sprechen?«

Ich stellte die Espressotassen unter den Auslauf der Maschine und drückte auf den Knopf. Der Duft frisch gebrühten Kaffees tat gut. Jorge setzte sich an die Stirnseite des Tischs und trommelte mit den Fingern auf die Holzplatte. Ich stellte die Tasse und Zuckerdose vor ihm ab und setzte mich auf den Hocker gegenüber.

»Es ist so. Also, ich muss Dir sagen.«

Er faltete seine Hände als bete er die Worte herbei.

»Das Boot ist weg.«

Pause. Mir stockte der Atem.

»A-me-lie.«

Da war sie wieder die Melodie und dieser tiefe Hundeblick, mit dem er mein Inneres durcheinanderbringt.

»Wir können nicht mehr zusammen rausfahren. Bis sich die Lage entspannt.«

Meine Kehle war so trocken, dass ich kein Wort herausgebracht hätte, wenn mir eines eingefallen wäre. Ich hob die Tasse ein wenig hoch und stellte sie wieder ab.

Sie zitterte. Jorge nahm einen Schluck und sah mich forschend an, während sich ein Gedanke in meinen Kopf ausbreitete.

Lucie. Vielleicht stimmt es, dass Jorges Frau eifersüchtig ist. Angeblich war sie auf ein Zimmermädchen mit einem Fleischermesser losgegangen, weil es sich neckisch kleidete und frech wurde. Zuvor soll sie eine junge Küchenhilfe mit kochendem Wasser so verbrüht haben, dass sie ins Krankenhaus musste. Und im Gästebett einer Französin habe eine tote Maus gelegen. Lucie fällt auf und manchmal aus der Reihe. Eine Frau, der die schlimmsten aller menschlichen Eigenschaften wie Neid und Missgunst begegnen, weil sie mehr besitzt als andere. Und dazu braucht es nicht viel. Scheinbaren Wohlstand zum Beispiel, einen attraktiven Ehemann, vier kluge Kinder, die auf Internate gehen und Selbstbewusstsein. Seit ein Gast sie mit Sophia Loren verglichen hatte, kleidet sie sich extravagant und figurbetont. Die Haare trägt sie im Stil der Sechziger. Wenn wir deutsch üben, feilt sie an ihren Nägeln und an ihrer Aussprache. Sie achtet darauf, dass alles sitzt, jedes Detail. Selbst die Lockenwickler überprüft sie mit Blick in den Handspiegel, denn sie hasst Friseurinnen »wie Pescht«. Richtig ärgerlich wird sie über Worte, die wie ungeschliffene Steine aus ihrem Mund rutschen. Das »Petri Heil« will einfach nicht gelingen.

»Pättri Eil«, wünscht sie, was mich innerlich schmunzeln lässt.

In ihrer Aussprache steckt viel Wahres. Bevor wir letzte Woche zum Segeln rausfuhren, zischte sie gereizt: »Wenn ihr euch nicht endlich beeilt, fischt der Scheißtrawler alles ab.«

Dabei strich sie nervös einen Stapel Bügelwäsche glatt mit ihren feingliedrigen, beringten Fingern, die wenige Stunden später Eingeweide aus den Fischleibern rissen, sodass das Blut lief, tiefrot wie ihre Nägel. Die Augen blickten starr. Das Gesicht reglos. Eine Maske. Wäre nicht die zynische Falte in den Mundwinkeln, die Genugtuung verriet, wenn der Schlonz in den Eimer platschte. Unheimlich. Gruselig. Aber verrückt, wie behauptet wird, ist sie nicht. Ich glaubte nichts von alledem, was Lorina im Salon aufschnappte, als gäbe es nichts Spannenderes. In diesen vier Quadratmetern entfalteten sich die Gerüchte wie die ungebändigten Afros, die so lange geglättet und geformt wurden, bis sie passten. Wer vorüberging, konnte sie hören, die Rufe der Verwunderung und des Entzückens, die Ahs und Ohs, die hinaus auf die Straße drangen mitsamt einer Duftwolke aus Chemie. Manchmal ertönte ein Schrei, ein gekreischtes »Aua!«, und es roch nach versengtem Haar oder verbrannter Haut. Dann waren die Hände der Friseurin beim Zuhören erstarrt und hatten für einen Moment das Onduliereisen vergessen. Möglich, dass doch etwas dran ist an den Geschichten, die man sich erzählt, weil sie beruhigen, ablenken und schützen, überlegte ich. Möglicherweise ahnte Lucie mehr als ich.

»Die Schweizer wollten nach Brasilien. Haben meinen Anteil an der Yacht ausbezahlt. Ich brauchte das Geld. Schlechte Saison. Weniger Touristen«, sagte Jorge und hielt den Zuckerlöffel umklammert, als gäbe er ihm Halt.

»Sobald ich wieder flüssig bin, kauf ich ein Boot. Es gibt immer Gelegenheiten. Im Hafen von Mindelo. Erst gestern hab ich eine gesehen. Eine Yacht. Traumhaft, wie ihr Name: *lindo sonho.* War eigentlich wegen Karneval dort.«

Jorge ohne Schiff ist wie ein Bauer ohne Land. Traurig. Ganz und gar unmöglich für solch einen Mann in der Mitte des Lebens. Schon als Jugendlicher war er zur See gefahren. Er braucht das Meer und würde sterben ohne diesen Anker der Freiheit.

»Wieviel kostet so ein Boot?«

»Nein. Amelie. Auf keinen Fall. Von dir nehm ich kein Geld.«

»Klar. Reine Neugierde.«

»Mehr als ein kleines Haus«, sagte er und kratzte sich am Kopf.

»Ändel. Erzähl mir davon.«

»*H*ändel«, sagte ich das *H* betonend.

»Georg Friedrich. Er wurde 1685 in Deutschland geboren. Komponierte die *Wassermusik* für den englischen König. Am Anfang des Stücks kann man sich gut vorstellen, wie die Schiffe der Royals von den Booten der Musiker mit Pauken und Trompeten umringt werden. Mehrere Orchester und Hunderte Musiker fuhren dabei in London auf der Themse. Ich hatte heute Lust, das zu hören, ganz laut. Das Karnevalsgedudel im Radio geht mir derart auf die Nerven.« Beherzt nahm ich die Tasse, die nicht mehr zitterte, und schluckte die warme Brühe. Bitter. Wie alles in diesen Minuten. Meine Worte hingen wie eine Gotteslästerung im Raum. Ich wusste, dass die Ablehnung des Karnevals der Verletzung eines Heiligtums gleichkam. Aber es war mir gleichgültig.

Ich blickte ihm direkt in die Augen. Sie glänzten wie polierte Kastanien. Als Kind hatte ich Kastanien mit Zahnstochern durchbohrt und Tiere aus ihnen gebastelt.

»Das musst du mal erleben. Es gibt nichts Schöneres als die Umzüge in Mindelo. Die fantastischen Kostüme. Die Formationen der Tanzgruppen. Die prachtvollen Wagen. Die Samba Tropical Nacht.«

Der Glanz war unerträglich.

»Ja dann«, sagte ich und sah weg, schenkte Kaffee

nach und verschwieg, dass ich ein Jahr zuvor Klein-Rio de Janeiro erlebt hatte.

Man musste dazu nicht nach Brasilien reisen. Es genügte, die Fähre nach Mindelo zu nehmen. Schon während der Überfahrt tanzte das Boot im Takt der Wogen und surrte, als ob es den Pulsschlag der Menschen trug. Beim Betreten des Hafens zitterte die Erde vor Euphorie, die die Menge von überall her verbreitete. Auf den Boulevards und in den Gassen war kein Durchkommen mehr. Pfeifende, singende, lachende, tanzende Gruppen konkurrierten mit Orchesterklängen im Herzen der Stadt um die Wette. Aber nicht nur das Zentrum, selbst die Randbezirke erschienen in einem anderen Licht. Ein wundersamer Zauber hatte die Menschen ergriffen, als ob sie eine Massendroge genommen hätten, die in einen rauschenden Taumel versetzt und süchtig macht. Es gab niemanden, der nicht feierte. Tag und Nacht. Viele schon lange vor dem eigentlichen Höhepunkt. Manche setzten ihr ganzes Hab und Gut für die tollen Tage ein, andere auch das, was sie nicht besaßen.

»Schulden für Kostümierungen sind ganz normal«, meinte Ruben, der eine Karnevalsgruppe leitet und mit seinen Trommeln an das archaische, leidenschaftliche Urfeuer der Menschen erinnert.

Jorge erhob sich umständlich, indem er beide Hände flach auf den Tisch legte und sich abdrückte, als ob er Schwung brauchte.

»A-me-lie. Ich möchte sie hören. Diese Musik. **Hän**del. Ganz. Von Anfang bis Ende. Mit dir.« Er kam langsam auf mich zu, das charmante Sonntagslächeln im Gesicht. Hätte ich die Tasse noch in der Hand gehabt, hätte sie wieder zu zittern begonnen. Weshalb hatte ich mich so wenig im Griff? Mit dem Spürsinn, den Tiere besitzen, kam Jule in die Küche gelaufen, gefolgt von Zappa, der wedelnd Jorge umkreiste, um im nächsten Augenblick kehrtzumachen und laut bellend hinauszustürmen. Es klopfte. Schon wieder. Jorge wich zurück, und ich stand auf, folgte den Hunden und sah aus dem Augenwinkel, dass er sich auf seinen Platz setzte.

»Lorina! Du hast doch frei heute.«

Anstatt zu antworten, hob sie einen geflochtenen Korb hoch. Er war randvoll mit Eiern. Dazwischen lag eine grüne Papaya, nicht größer als eine Männerfaust. Mit der anderen Hand hielt sie einen Teller mit Alufolie bedeckt vor meine Nase. Dabei ließ sie ihre Zähne blitzen, bis die dunkelviolette Unterseite ihrer Zunge zum Vorschein kam. Mit den rosaroten Schleifen in den Zöpfen und dem geblümten Kleid sah sie aus wie ein zu groß geratenes Schulmädchen. Neben ihr hüpfte Mimmo auf und ab. Auch er hatte etwas dabei. Eine pralle, gelbe Plastiktüte, die er auf die Erde fallen ließ, um die Hunde zu streicheln.

»Bäh«, rief er, als Jule ihm mitten ins Gesicht leckte.

Dann hielt er dem Hund die Schnauze zu, stand auf, schnappte die Tüte und rannte mit ausgestreckten Armen im Kreis herum.

»Von Maria Paulette«, erklärte Lorina, während sie den Raum betrat.

»Dreißig Stück. Und Kuchen. Bolo de Mandioca.«

»Bekommen wir Besuch? Habe ich etwas verpasst?«

»Geschenk. Nur so«, lachte sie und veränderte im nächsten Augenblick ihre Mimik.

»Putz deine Schuhe hier ab!«

Lorinas strenge Stimme stoppte Mimmo, als er gerade dicht an uns vorbei ins Hausinnere schoss, die Hunde auf den Fersen. Abrupt blieb er stehen, folgte den feurigen Augen seiner Mutter in Richtung Fußmatte, düste mit einem »ppffffhh« zurück und sprang mit seinen Turnschuhen in einem Satz auf den Abstreifer, dass es staubte. Ich blieb demonstrativ im Türrahmen stehen, in der Hoffnung, das würde Lorina animieren, gleich wieder zu gehen. Doch sie marschierte schnurstracks durch den Raum in Richtung Küche.

Einer dieser Tage, der die Regie übernimmt, war das.

Wie ein Akteur, der das Drehbuch seines Films nicht kennt, fühlte ich mich. Dabei hatte ich fest vor, heute früh an den Tisch zu sitzen und den Brief an meine beiden Kinder zu schreiben, den x-ten Versuch einer Erklärung endlich zu Papier zu bringen. Ein guter Satz, mit dem ich beginnen könnte, war mir heute Nacht eingefallen, als mein Körper den Gedanken folgte und sich von einer Seite auf die andere wälzte. *Je größer die Entfernung, desto stärker die Sehnsucht* ... Der Vorsatz war dahin. Das Briefeschreiben konnte ich getrost vertagen und der Ablenkung den Sieg überlassen. Ich ging über die Schwelle hinaus und sammelte auf dem Vorplatz Papierfetzen auf. Am liebsten wäre ich spazieren gegangen. Weit weg.

Zwei Minuten später wurde das Verlangen, einfach fortzugehen, noch stärker. Vielleicht an den Strand, ins Meer oder hinauf in die Berge. Hauptsache weg. Ich spürte ein Unbehagen, noch bevor ich die eisigen Mienen sah. Und dann dieses Schweigen. Es gibt ja verschiedene Arten der Stille. Die Stille, die in der Küche herrschte, war eine unangenehme. Nicht, dass es völlig ruhig gewesen wäre. Im Gegenteil. Das Geräusch der Eier, die Lorina eins nach dem anderen in das Fach im Kühlschrank plumpsen ließ, war aufdringlich, fast provozierend. Plopp. Plopp. Plopp. Die Schalen europäischer Eier wären längst geplatzt. Dazu das nervöse

Trommeln von Jorges Fingern auf der Tischplatte, in schnellerem Rhythmus. Dabei schauten die beiden, als ob sie Essig getrunken hätten. Schweigen kann mindestens genauso verletzen wie Worte, dachte ich und erinnerte mich an die Streitereien mit der pubertierenden Patricia. Sie schmiss mir Ausdrücke wie »Assizwerg« und »Amöbenhirn« an den Kopf und ich ihr einen Dessertteller hinterher. Trotz der Scherben war es mir dabei wohler gewesen als mit Julian, der bei Konflikten wortlos aufstehen und das Haus verlassen konnte. Mein Sohn glich Wolfram, der sich verschloss wie eine Muschel, wenn ihm etwas nicht passte. Es entzog der Luft die Energie. Manchmal glaubte ich zu ersticken. Vielleicht hatte Patricia Recht und ich war ein »Harmonie-Junkie«. Jedenfalls strengte mich diese subtile Szenerie derart an, dass mir die Kraft fehlte, mich zu wehren.

Mimmos krauser Haarschopf tauchte vor dem offenen Küchenfenster auf.

»Amelie. Wo ist mein Zimmer?«

Die Frage des Jungen löste den emotionalen Knoten. Alle begannen zu sprechen. Niemand beachtete das Kind. Lorina unterbrach das Eiersortieren und drehte mir ihr Gesicht zu.

»Mimmo hat seine Sachen dabei. Ich hoffe, das ist okay.«

Jorges Hände wechselten von der Tischplatte in seine Hosentaschen.

»Ich muss los. Kondolieren und dann nach Mindelo. Vergiss die Dorade nicht.«

»Oh, was bekommst du dafür?«, fragte ich.

»Vergiss es«, erwiderte er und zeigte seine charmanten Grübchen.

»Ich komme mit«, sagte ich und fügte beim Blick in Lorinas stechende Augen rasch hinzu: »bis zur Tür«.

Jorge ging mit entschlossenem Schritt voran, stoppte einen Meter vor dem Ausgang und wendete seinen Körper blitzschnell wie ein Eisläufer, der eine Pirouette dreht. Beinahe wäre ich mit ihm zusammengeprallt. In meinem Hals pochte es heftig. Er lächelte, umfasste meine Taille und zog mich an sich. Ich spürte seinen heißen Atem in meinem rechten Ohr.

»A-me-lie. Pass gut auf dich auf.«

Beschwingt, als ob mir Flügel gewachsen wären, schwebte ich in die Küche zurück. Lorinas Trauermiene, mit der sie den Fisch inspizierte, perlte an mir ab.

»Eine schöne Dorade. Frier sie gleich ein«, sagte ich fröhlich und traf auf Mimmos fragende Augen.

»Komm. Ich zeig dir, wo du schlafen kannst.«

Alles andere konnte warten. Ich fasste die Hand des Jungen. Sie fühlte sich mager und schlaff an. Wir gingen hinaus über den Flur durch das Wohnzimmer. Dort kam Leben in das Kind. Mimmo begann zu hüpfen wie ein Gummiball.

»Boah«, rief er, als ich die Tür des Gästezimmers öffnete.

»Das Ganze für mich?«

Andächtig ging er hinein, als sei dies ein Palast und nicht ein spärlich eingerichteter Raum. Eine wohlige Wärme kroch durch meinen Körper, gerade so als habe Jorge mich noch im Arm. Mimmos Gesicht – wie ein Kleinkind vor dem geschmückten Weihnachtsbaum. In Zeitlupentempo näherte er sich dem Bett, setzte sich vorsichtig darauf, als ob es zerbrechlich wäre, und ließ seinen Blick über Schreibtisch, Schrank und Bücherregal gleiten. Am Türrahmen hielt er inne. Er starrte hinaus in den Flur. Dann rutschte er vom Laken und spurtete an mir vorbei durch den Gang in den Garten. Wenige Sekunden danach kam er mit der Plastiktüte zurück und schüttelte den Inhalt auf das Bett. Ich setzte mich auf die Lehne des Sessels und sah zu, wie er seine Habseligkeiten, ein paar Shirts, zwei Hosen, Unterwäsche, einen Pullover und eine Jacke sortierte und zuletzt einen kleinen Plüschlöwen auf das Kopfkissen legte. Kuscheltiere sind universell. Der Löwe, cognacfarben, mit verfilzter brauner Mähne, hätte in jedem deutschen Kinderzimmer zu Hause sein können. Ein Schleier legte sich über meine Augen.

»Schau. Der Schrank ist noch ganz leer«, sagte ich und schluckte die Gedanken an meine Kinder hinunter.

Das schlurfende Geräusch, das Lorinas Füße erzeugen, wenn sie es nicht eilig haben, näherte sich. Sie streckte den Kopf herein und lächelte. Ihr Sohn war gerade dabei, seine Hosen in ein Schubfach zu stopfen. Ich stand auf und bedeutete ihr mit einer knappen Handbewegung, mir zu folgen.

»Oh bin ich froh. Er scheint sich wohlzufühlen«, flüsterte ich auf dem Korridor.

»Denk nicht so viel«, meinte sie und begann in der Art zu glucksen, wie man über einen lahmen Witz lacht: »kkkk«.

Ein honigsüßer Duft hatte den Fischgeruch in der Küche abgelöst. Auf dem Tisch stand der Maniokkuchen.

»Tee?«, fragte ich, denn ich hatte genug vom Kaffee.

Lorina nickte, nahm auf dem Hocker Platz und drehte an ihrem Ring, was sie immer macht, wenn sie nervös oder unsicher ist. Es brauchte ein paar Umdrehungen bis herauskam, was sie bedrückte.

»Sag mal. Was findest du an dem?«

»An wem?«

»Jorge.«

»Was magst du *nicht* an ihm?«, wollte ich wissen.

»Er hat es da«, sagte Lorina und deutete zwischen ihre Beine, »und nicht da«, und tippte auf die Herzgegend.

»So? Und woher weißt du das?«

Das Blut schoss mir ins Gesicht. Ich wusste, ohne in den Spiegel zu schauen, dass ich knallrot wurde wie früher, wenn mir etwas peinlich war.

»Er hat mich nicht eingestellt.«

Als ob tief vergrabene Verletzungen plötzlich einen Ausweg gefunden hätten, flossen die Worte aus ihr heraus.

»Jorge ist kein guter Mensch. Er kann Leute wie mich nicht leiden. Solche, die von Santiago kommen. Und die vom Kontinent. Die afrikanischen. Guckt hinter Röcken her, aber nur hinter hellen. Verstehst du?«

Lorina erwartete keine Antwort. Sie rollte mit den Augen und wedelte sich mit der Hand frische Luft zu, bevor sie weitersprach.

»Ich spüre das. Die Blicke. Auch die von ihr. Sie hat den bösen Blick. Lucie ist eine Hexe. Eine *Bruxa*. Und eine Hure. Hat einen Lover. Man hat sie gesehen in Mindelo. Wusstest du das?«

Wieder machte sie eine Redepause, um nach Luft zu schnappen.

»Die ganze Familie ist eingebildet. Weil sie Geld haben. Stammen von reichen Portugiesen ab. Deshalb tragen sie die Nase hoch. Bäh. Bin ich froh, dass ich die nicht mehr sehen muss. So Gott will.«

Sie wischte sich mit dem Handrücken über die Stirn und die feuchten Augen.

»Die Hitze«, sagte sie und fächelte sich Luft zu.

»Heute ist es aber auch warm.«

»Es hat nicht immer persönliche Gründe«, warf ich ein.

»Ich habe auch für viele Frauen, die nach Arbeit fragen, keinen Job. Man könnte locker das halbe Dorf beschäftigen. Jeder Dritte hier ist arbeitslos.«

Ich nahm einen Schluck kalten Tee.

»Aber Du hast *mich* genommen«, sagte Lorina und zog die Augenbrauen hoch.

»Stimmt es, dass Ava und Feli bei dir arbeiten, wenn ich weg bin?«

Es hatte sich also schon rumgesprochen.

»Ich werde die Stelle aufteilen.«

Ich nahm das Messer, schnitt ein Stück Kuchen ab und packte den Rest wieder ein.

»Lorina. Ich brauch jetzt Ruhe. Mimmo kann gerne morgen einziehen. Oder heute Abend.« Sie erhob sich wortlos.

»Wieviel?«, fragte ich mit Blick auf den Kuchen.

»Amelie. Du kannst auch mal was annehmen. Geschenk und so.«

»Und der Korb?«

»Prenda. Auch Geschenk. Macht der Enkel von Maria Paulette«, schnaufte sie, als ob ich schwer von Begriff wäre.

»Muito obrigada. Richte ihr meinen Dank aus. Und den Restkuchen nehmt ihr bitte mit. Geschenk.«

Nachdem die beiden gegangen waren, atmete ich tief durch. Ich fühlte mich gleichermaßen leer und voll, wie zu Zeiten, als Wolfram und ich noch Besuch von Menschen mit wenig Gespür und reichlich Sitzfleisch bekamen. Wir glaubten, gegenüber Geschäftsfreunden und Kunden Anstand wahren zu müssen und nahmen ihn geduldig hin, den »wirklich letzten Schluck« nach der »allerletzten Geschichte«, die sich zum x-ten Mal wiederholte. Danach schwirrte uns der Kopf vor nutzlosen Gedanken. Die anerzogene Höflichkeit lässt sich nicht einfach ablegen wie ein Kleidungsstück, das einengt, dachte ich, setzte mich auf den Gartenstuhl und schloss die Augen. War es möglich, dass Jorge rassistisch dachte? Ausgerechnet hier, in einem dieser wenigen Länder, in denen sich niemand wegen seiner Hautfarbe zum Lächeln zwingen muss, nicht mal im Service, weil alle möglichen ethnischen Gruppen vertreten sind, die keinen Raum und Grund lassen für Klischees. Er war noch ein Kleinkind, als der Umbruch kam, Kapverde sich von der portugiesischen Kolonialmacht befreite, unabhängig wurde als Republik mit allen Rechten und Pflichten. Wie viele andere trägt auch er sein afrikanisches und europäisches Erbe in jeder Zelle seines Körpers. Ich konnte nicht glauben, dass er derlei Unterschiede macht. Möglich, dass er schlechte Erfahrungen gemacht hat auf dem schwarzen Kontinent. Oder in Europa, nach dem sich alle sehnen, weil sie nicht wissen, wie es dort ist. Wer gibt schon gerne zu, dass er in der Fremde nicht das Paradies gefunden hat, wenn er nach Hause zurückkehrt? Was wusste ich schon über ihn und seine Familie? Er hat Brüder in Lissabon, Faro und Guinea-Bissau. Verwandte überall verstreut, lebende und tote.

Lucie hatte sie einmal hervorgeholt, die stummen Zeitzeugen, die in einem dicken Buch kleben, um die Geschichte zusammenzuhalten. Schwarz. Weiß. Fotos. Vorfahren mit Merkmalen, auf die ihre Familie stolz ist: hohe Stirn, schmale Nase, blasse Haut. Schmucke Kleidung. Stattliche Gebäude. Kolonialstil. Kirchen. Brunnen. Lissabon. Und dann die afrikanische Seite, diejenigen, die als Sklaven nach Santiago verschifft wurden. Vom Schicksal und von Menschenhand Geschlagene mit schwarzer Haut, prallen Muskeln und Augen, die die Kraft haben, sich in Seelen zu brennen, bevor sich ihre Wege kreuzten und die Gene verschmolzen. Äußerlichkeiten. Schlaglichter. Fassaden. Ein unvollständiges Bild. So wie mein eigenes. Ein dunkles Kapitel.

Überall die Suche nach den Wurzeln. Selbst die Kinder in den Schulen betreiben anhand der physiognomischen Besonderheiten Ahnenforschung.

»Sprachen und Mathe sind Etappen. Die Fragen zu Herkunft und Geschichte sind Meilensteine auf dem Weg zur Persönlichkeitsentwicklung.«

Die klugen Worte eines Lehrers kamen mir in den Sinn als Lucie, das Buch auf dem Schoß, von ihrer Mutter erzählte. Nach dem Tod des Vaters sehnte sie sich nach ihrer Heimat, mit der sie nichts als Erinnerungen verband. Sie siedelte zurück nach Mindelo.

»Steinalt ist meine Mama. Manchmal fällt sie einfach um. Braucht Hilfe.«

Lucie kratzte sich am Ellenbogen und sah in die Ferne.

»Meine Geschwister schicken Geld. Manchmal«, fuhr sie fort. »Sind in Portugal.«

Dann huschten ihre Augen über die wenigen Aufnahmen der Senegalesen, als ob sie Angst habe, ihre Gesichtszüge dort zu entdecken. Farbige. Fotos. Sie blätterte zurück. Mädchen in luftigen Kleidern. Anmutig. Gazellenhaft. Babys. Prall. Zahnlos, wie die Alten.

»Das da ist meine große Schwester Cynthia.«

Ein Lächeln legte sich in ihr Gesicht, während sie mit dem Zeigefinger zärtlich über die Abbildung einer Frau Ende dreißig auf einem Fahrrad strich.

»Es geht ihr gut. Jetzt. Lebt in Porto. Wurde als Kind vergewaltigt. Von einem Vetter. Niemand glaubte ihr. Bis man ihn erwischte.«

Sie blickte mich an, stumm, drei, vier lange Sekunden. Vielleicht erwartete sie eine Erklärung für das Unfassbare, die Gewalt, die sprachlos macht, die Frauen, Mädchen und Jungen angetan wird, tagtäglich, überall auf der Welt. Dann klappte sie das Buch zu, weil sie mehr nicht ertragen hätte.

Und Jorge? Große Familie. Seemannsleben. Hunger. Zuerst nach Essbarem, dann nach Abenteuern, später nach Bildung.

»Händel. Erzähl mir davon.«

Hingeworfenes. Lebenssequenzen. Eine Brockensammlung. Ich las auf, was er fallen ließ, setzte die Teile zusammen. Ein Puzzle, das trotz der Lücken ein Bild ergab. Er ist kein Mann der großen Worte.

»Nichts als Geschwätz«, kommentierte er die Wahlreden der Politiker, denen die Menschen an den Lippen hingen, weil sie ein besseres Leben versprachen.

Im Gegensatz zu den meisten Dorfbewohnern war er auch nicht zur Kundgebung der Partei gegangen. Deshalb wurde er später gefeiert wie ein Held, weil niemand der Fischer sonst die Tragödie bemerkte, die sich am Ufer abspielte. Ich war gerade mit dem *Aluguer* aus der Stadt gekommen. Der Wagen hielt vor der Lodge, um Einkäufe und Touristen abzuladen. Da hörten wir sie, schrille Schreie von Frauen, die das Brandungsgeräusch durchbrachen, und sahen diesen Blitz aus der Pension schießen. Es war Jorge, der über die Steine spurtete, in die meterhohen Wellen hechtete und einen zappelnden Jungen aus den Fluten zog. Hätte er nur ein wenig gezögert, wäre das Kind ertrunken. Ein anderes Mal, als wir vom Bootsgang zurückkamen, stand *Oma Momo* mit hungrigem Blick am Eingang der Lodge. Ich nenne sie so, weil sie mit Sack und Pack umherzieht und menschliche Behausungen meidet. Manchmal, wenn sie vorübergeht, lächelt sie unvermittelt und schaut gen Himmel. Ein Wunder, dass ihr das Bündel aus Kleidung und Decken dabei nicht vom Kopf rutscht. Unbeirrt murmelt sie in einer Sprache, die niemand außer den Engeln und dem Herrgott versteht. Jorge ging an ihr vorbei, kam mit Brot und Käse zurück und drückte ihr die Lebensmittel in die Hand, als sei dies selbstverständlich. Er braucht keine Anleitung, keinen Ratgeber. Er sieht und handelt. Einer, auf den man sich verlassen kann. Nach der vierten Woche in seiner Lodge bot er mir Unterstützung an. Ich schüttelte den Kopf und lachte. »Vielen Dank. Ich komme gut zurecht.«

Drei Tage später dann wieder Kopfschütteln. Dieses Mal über mich selbst.

»Habe ich wirklich gesagt, ich bräuchte keine Hilfe?«

Die Sache mit dem Hauskauf hatte ich unterschätzt wie vieles andere auch. Meine Ungeduld zum Beispiel. Ich dachte, auf diesem Archipel würde ich gelassener werden, getreu dem Inselmotto *no stress*, unter all den entspannten Menschen, dem einfachen Leben, der geringen Bürokratie. Irrtum. Nichts war, wie es schien. Ich hatte Papiere in der Hand mit Unterschriften und Stempeln darauf. Amtliche Stempel beruhigen ungemein. Aber dieses Gefühl änderte sich rasch. Denn dies war nur der erste Stempel von vielen. Von einem Amt musste ich zum nächsten und warten und warten, wie alle anderen Menschen auch.

»Kommen Sie morgen wieder«, sagte der ältere Herr freundlich, bevor er den Schalter schloss.

Hatte ich es dann geschafft, weiter vorzudringen, fehlte ein anderes Papier. Das Ganze von vorne. Ein neuer Stempel und wieder eine Prüfung auf einer anderen Behörde. Nicht Tage und Wochen, Monate konnten so vergehen. Je mehr Druck ich machte, desto schwieriger wurde es. Ich war dem Verzweifeln nahe.

»Gehört mir das Haus und der Garten nun oder nicht? Alle Grundstücke sind aufgeteilt unter den Erben, das wurde doch beglaubigt«, warf ich der Dame im Kostüm auf dem Notariat an den Kopf, was sie wenig beeindruckte.

Ich diskutierte, telefonierte, sammelte juristische und

andere Auskünfte. Aber ich kam kaum voran. Dann war Jorge zur Stelle, übersetzte, baute Brücken, besänftigte, weil er das Prozedere kannte und die Menschen. Er war einer von ihnen. Und ich die Fremde. Eine Frau. »Du musst sprechen wie die Einheimischen«, sagte er und schlug eine Sekunde später die Handflächen aneinander, als ob er sich selbst beklatschte.

»Klar. Das ist es. Ihr helft euch gegenseitig.«

Ich verstand nicht.

»Lucie lehrt Kreol und du Deutsch.«

»Keine schlechte Idee.«

Lucie war einverstanden, und so stolperten wir gemeinsam durch die Sprachlandschaft.

»Tudo bem. Tud dret.«

Allmählich begann sich alles zu lösen, beinahe wie von selbst.

Ein paar Monate später, als wir am Feuer saßen und auf die Glut für den Fisch warteten, erzählte ich von meiner hanseatischen Kindheit, dem Vater, der als Ingenieur bei einer Großwerft arbeitete und Schiffe liebte.

»So klein war ich«, dabei deutete ich mit der Hand auf Höhe meines Bauchnabels, »da hat er mir das Segeln beigebracht. Das Boot war unser zweites Zuhause.«

Die Erfahrungen mit Wolfram auf der Yacht am Chiemsee brauchte ich nicht zu schildern. Jorge verstand. Vergangenheit und Zukunft bedeuten ihm nicht viel. Er lebt im Hier und Jetzt. »Wenn du segeln kannst, begleite uns«, meinte er pragmatisch, was sonst.

Seitdem fuhren wir gemeinsam raus. Es gab keinen festen Tag. Manchmal fand der Ausflug einmal pro Woche statt, je nach Laune des Wetters und der Fischer, die mit an Bord gingen. Die Männer, die ihr halbes Leben auf ihren winzigen Ruder- und Motorbooten verbringen und die Tücken der See kennen, beäugten mich anfangs wie ein Kind bei einem Galadiner.

»Hält es das Besteck richtig? Wann wird es der Gesellschaft überdrüssig und beginnt zu quengeln?«, verbarg sich hinter dem Lächeln.

Nach drei, vier Törns beachteten sie mich wie den Seesack, den Jorge in die Kajüte stellte. Ein Ding, das man braucht oder auch nicht. Wenn die Segel gesetzt wurden, was selten vorkam, weil der Wind zu stark oder schwach war, übernahm ich das Ruder. Das war alles. Dennoch fühlte ich mich wohl auf diesem Schiff, leicht, glücklich und geborgen. Wie in Kindertagen. Es mag pathetisch klingen. Aber es ist einfach so, dass sich die Gedanken verändern auf dem Wasser. Alles Belastende wird kleiner wie das Festland, von dem man sich entfernt, um weit hinaus auf den Ozean zu tuckern, der ständig seine Farbe verändert im Spiel des Lichts. Ein Gefühl der Freiheit. Aber auch Demut vor der Schöpfung. Von einer Minute auf die andere kann sich alles ändern. Es muss nicht einmal ein Sturm aufziehen oder ein Wal auftauchen, es genügt eine Strömung, um zu spüren wie unbedeutend man ist im Universum. Deshalb liebe ich es, das rhythmische Auf und Ab des Bugs in der Dünung, das Zischen des Wassers, wenn wir einem Fischschwarm folgen, das sanfte Rauschen der Wellen beim Ankern vor einer Bucht. Und die heimlichen Blicke zwischen Jorge und mir, die Sekunden, in denen sich unsere Augen begegnen und festhalten, viel länger als nötig, die zufälligen Berührungen, die sich häufen, diese erotische Annäherung, die sich steigert. Das alles würde mir fehlen. Sehr sogar. Das konnte ich nicht zulassen.

Kurz nach sechs, bevor die Dämmerung einsetzte, war Mimmo eingezogen. Einen Umzugswagen brauchte es dafür nicht. Eine abgewetzte Reisetasche, ein hellblauer Schulranzen in der Farbe der Schuluniform, einen Lederfußball und eine Tüte mit Wurzelgemüse.

»Prenda«, lachte Lorina »kkkk.«

Dann erklärte sie den Stundenplan, tätschelte den Kopf ihres Sohnes und den der Hunde in derselben Art, ganz sanft mit der flachen Hand, und zog eine Melodie summend von dannen. Ich sah ihr nach, wie sie die Hüften wiegend immer kleiner wurde. Sie drehte sich nicht um. Der Junge saß auf dem Fußboden vor der geöffneten Schranktüre und schob gerade seine Tasche hinein, als ich ins Zimmer kam. Auf dem Bett lagen eine Zahnbürste, ein großzackiger Kamm und Zahncrème.

»Hunger? Hast du Lust auf Pfannkuchen?«

Mimmos Augen wurden rund wie kleine Untertassen.

»Was ist das?«

»Komm. Wir machen welche. Das ist lustig«, sagte ich und überlegte auf dem Weg zur Küche, was man außer Eiern, Milch und Mehl dazu noch brauchte.

Dieses neue Gefühl der Verantwortung für das Kind trieb mich an. Ich wollte unbedingt vermeiden, dass es Sehnsucht nach seiner Mutter bekam. Alles, nur kein Heimweh. *Denk nicht so viel.* Lorinas Rat müsste ich aufschreiben in fetten Lettern. Mimmo hatte wirklich Spaß dabei, die Eier in die Schüssel zu klatschen, die Schalen herauszufischen und den Teig mit dem Schneebesen zu schlagen, dass es spritzte. Nachdem die ersten beiden Pfannkuchen angebrannt waren, gerieten die restlichen fünf tadellos. Mimmo aß gerade mal einen halben mit reichlich Mangomarmelade, die an seinen Wangen klebte.

»Hast Du einen Fernseher?«

»Nein.«

»Warum nicht?«

»Aus Prinzip.«

»Was ist das?«

»Eine Einstellung, die man ändern kann. Anders als das Fernsehprogramm«, erklärte ich und las Verwirrung in seinem Gesicht.

»Nächste Woche kaufen wir einen. In Mindelo.«

Manches wird sich ändern. Ein Schwall wilder Gedanken schoss in mein Gehirn, während ich die Türe des Gästezimmers möglichst geräuschlos schloss. Das Kind bringt meinen gewohnten Rhythmus durcheinander. Vier Wochen lang. Lorina überlässt mir ihren wertvollsten Schatz. Und das bedeutet mehr, als man auf den ersten Blick ermessen kann. Denn ich weiß, dass sie mich beobachtete, heimlich, scheinbar beiläufig, aber stets aufmerksam, wie viele Einheimische. Kann man ihr trauen, einer Fremden, einer Weißen, die seltsame Gewohnheiten hat, weder Schweinefleisch noch Innereien isst, dafür Unkraut, Blüten und Blätter der Kapuzinerkresse, die Müll aufsammelt und mit Tieren spricht, als seien es kleine Kinder? Man muss vorsichtig sein und abwarten, denn die Zeit bringt es an den Tag, mahnten diese Augen, die schon so viel gesehen haben. Weiße, die kamen und blieben, oder ausbeuteten und gingen, als es nichts mehr auszubeuten gab. Und nun vertraut sie mir ihren Sohn an, den sie mehr liebt, als ihr gut tut, denn Trennungen schmerzen. Ich habe ihre feuchten Augen bemerkt und ihren Stolz, als sie von Mimmo erzählte. Was, wenn er Fieber bekommt? Oder noch schlimmer, irgendeinen Unfall hat? Wie damals, als Julian das erste Mal alleine Ferien in einem Zeltlager machte und Wolfram zeitgleich eine Reise ins entfernte Tessin plante, malte ich mir aus, was alles passieren konnte.

»Wenn er eine Wespe verschluckt oder den ganzen Tag in nassen Sachen herumläuft oder den Sonnenhut vergisst, weil ihn niemand ermahnt und seine Mutter weit weg ist, was dann?« Beinahe hätte es einen handfesten Streit mit Wolfram gegeben.

»Der Junge ist kein Baby mehr. Er ist neun Jahre alt!«

Als ob ich das nicht wüsste.

»Gerade deshalb«, konterte ich und gab nach, weil ich »Glucke« nicht auf mir sitzen lassen wollte.

Heute würde Wolfram wohl »Helikoptermutter« sagen, und Lorina ebenfalls, wenn der Begriff ihr geläufig wäre.

Denk nicht so viel. Gleich morgen früh werde ich den Spruch auf den Wandspiegel malen, beschloss ich und knipste das Licht im Schlafzimmer an. Der kleine Wecker auf dem Nachttisch zeigte kurz vor halb zehn. Mir kam es vor wie ein Uhr nachts. Ich war so müde, als hätte ich den Kartoffelacker umgegraben. Dabei musste ich nur das Chaos in der Küche beseitigen, tausend Fragen beantworten und Memory spielen. Auf dem Weg ins Badezimmer hörte ich es dann. Ein leises Schluchzen, das über den Korridor geschlichen kam.

»Ich kann nicht schlafen.«

Mimmos Hände waren eiskalt. Er zitterte.

»Kann ich in dein Bett?«

»Das ist viel zu klein für uns beide.«

Behutsam brachte ich ihn zurück in sein Zimmer, zog ihm die Decke bis zum Hals und streichelte seine seidenweiche Stirn. In dem Gesichtchen, das im Schein der Nachttischlampe schimmerte wie maronenbraunes, hauchdünnes Porzellan, spiegelten sich meine Kinder. Sie ähneln sich in ihren Ängsten und Sehnsüchten, egal woher sie kommen, die kleinen Mädchen und Jungen dieser Welt, dachte ich und erzählte die Gute-Nacht-Geschichte vom kleinen Löwen, der auszog, die Welt zu retten. Dann zerrte ich die Weidenkörbe der verdutzten Hunde vom Wohnzimmer in den Flur direkt vor Mimmos Türe. Die beiden sollten aufpassen, dass keine Gespenster durchs Haus schweben, denn davor fürchtete sich der Junge. Gôn Gôn und sein mystisches Gefolge trieben ihr Unwesen in den Köpfen der Menschen, von Generation zu Generation. Kurz nach Mitternacht lag ich schließlich im Bett mit einer Schnur in der Hand, der greifbaren Verbindung zwischen uns.

Lorina hatte Recht. Patricia auch, womöglich sogar Wolfram. Unnütze Gedanken.

»Denk, was du willst. Gott macht trotzdem, was er will.«

Ein Leitsatz aus Lorinas Sprüchesammlung kam mir in den Sinn, denn das Zusammenleben mit Mimmo war weniger kompliziert als befürchtet. Wir hatten auch keine andere Wahl, als uns rasch aneinander zu gewöhnen. Er musste die gemeinsamen festen Essenszeiten verdauen, auf denen ich bestand, und ich hatte die Schulzeiten zu schlucken, die zwischen Vormittag und Nachmittag pendelten und unseren Tagesablauf bestimmten. Dazu kam die Horde Kinder, die durchs Haus tobte und aus dem Garten einen Fußballplatz machte. Beinahe wie früher zu Hause. Dieselben Themen. Schlafenszeiten, Süßigkeiten, Fernsehkonsum. Letzteres war das Schwierigste. Mimmos Freunde, die noch keine eigene Glotze hatten, verfolgten bei uns mit aufgerissenen Augen und schwitzenden Händen wie *Sponge-Bob*, der gelbe Schwamm, *Scooby-Doo*, der sprechende Hund oder die *Power-Rangers* über die Mattscheibe sausten. Ich hatte es versprochen. Also kauften wir ein. Gleich, nachdem wir Lorina zum Flughafen gebracht und uns mit klebrigem Kuchen gegen den Abschiedsschmerz vollgestopft hatten, erstand ich ein paar hübsche Kleidungsstücke für den Jungen, was mir wichtiger erschien als ihm, und einen Farbfernseher, bei dem es umgekehrt war. Nebenbei schaute ich mich noch im Hafen um, was ich lieber nicht hätte tun sollen. Aber dieses Schiff ging mir so wenig aus dem Kopf wie der Flimmerkasten dem Jungen.

Und wie man in ein Geschäft marschiert, um Geräte oder Schuhe zu kaufen, musste man nur in die Marina spazieren und den Aushang überfliegen. Ganz einfach. Hätte ich ein paar Hürden überwinden müssen, wäre es vielleicht anders gekommen. Aber Konjunktive und Katzenjammer helfen nicht weiter. Ich sah den Zettel *Segelyacht – Bavaria 40 – Länge 12,20 Meter – Breite 4 Meter – Tiefgang 1,90 Meter – Bj 2009 – 150.000 € – Telefon –* und wusste. Das ist es. Der schöne Traum *lindo sonho* wird Wirklichkeit.

Natürlich war ich nicht so dumm und nahm das Angebot ungeprüft hin. Ich hielt mich sogar für ziemlich schlau und verglich im Netz die Preise ähnlicher Boote, zur großen Freude von Mimmo, der zwar nichts von Schiffen verstand, aber zum ersten Mal in einem Internetcafé saß. Die Summe war realistisch, fand ich. Niemand hätte mich in diesem Moment von meiner fixen Idee abbringen können. Karma. Omen. Wie die Menschen hier glaubte ich plötzlich an Zeichen einer höheren Macht. Bavaria. Das konnte kein Zufall sein. Das Land, in dem ich lange Zeit glücklich gelebt hatte. Der viel versprechende Taufname. Und der Wert des Bootes. Eine Kapitalanlage. Ich könnte mir den Traum vom eigenen Schiff erfüllen und das Ganze refinanzieren. Wolfram war Meister in solchen Dingen. Ich hatte den Segelschein und er die Yacht. Nun würde *ich* den Kurs bestimmen. Die Schicksalsschläge haben mich stark gemacht. Vor ein paar Jahren hätte ich niemals geglaubt, dass ich fähig wäre, meinen betrügerischen Ehemann mit seinen eigenen Waffen zu schlagen und das Geld, das er hinterzogen hatte, für einen Neubeginn zu nutzen. Wolfram, das Finanzgenie, hatte sich verrechnet. Wenn er wüsste, dass hundertsiebzigtausend Euro zu einem passablen Zinssatz auf der hiesigen Bank liegen, säße er im nächsten Flugzeug. Aber er hat keine Ahnung, auch nicht davon, dass mein Erbe auf einem Nummernkonto in der Schweiz ruht. Ich könnte die Yacht bar bezahlen und als Charterschiff anbieten, eine rentable Sache. Derlei Argumente legte ich mir zurecht. Ich war wie besessen von dieser blödsinnigen Idee. Deshalb ging es auch so schnell. Viel zu schnell.

Ich tippte die Rufnummer in mein Smartphone.

»Sam Duncan. Hello?«

Eine sonore Männerstimme.

»Ich interessiere mich für ein Boot. Bin ich richtig?«

»Yes, Madam.«

Es klang, als ob Geschirr klapperte im Hintergrund.

»Wenn Sie möchten, wir können uns treffen.«

Pause. Ein Hund bellte. Ich drückte das Telefon noch fester ans Ohr.

»Sorry. I'm an english man. Mein Deutsch is not so

good. Kennen Sie französisch Café? La Pergola. Well. In half an hour?«

Stimme und Slang waren angenehm und hätten die letzten möglichen Zweifel ausgeräumt, als ob ein englischer Akzent ein Indiz für Seriosität darstellt und der einer Ostblocksprache nicht. Bis zur Abfahrt der Fähre blieben mehr als drei Stunden. Reichlich Zeit, die Pakete nach dem Treffen in den Geschäften abzuholen. Den Zorn eines kleinen Jungen wollte ich nicht auf mich ziehen.

»In Ordnung. Wir kommen.«

Während ich das Handy in die Tasche schob und den Kopf wendete, um nach einem Taxi Ausschau zu halten, hielt bereits ein Wagen am Straßenrand. Wie bei Taxifahrern üblich erfasste er mich sofort als möglichen Fahrgast unter all den Passanten. Man brauchte keine halbe Stunde zu Fuß, um das Café zu erreichen. Aber weshalb sollten wir quer durch die Innenstadt marschieren, wenn der Fahrpreis günstiger war als eine Tasse Kaffee. Zudem wirbelte der Wind Abfall durch die Gassen und Staub in die Augen. Noch nie hatte ich Mindelo windstill erlebt, aber heute war es unangenehm böig.

»Alliance Française«, rief ich dem Fahrer durch das halb geöffnete Autofenster zu.

Er zog die Brauen hoch und linste achselzuckend unter seiner verspiegelten Sonnenbrille hervor.

»La Pergola. Rua Santo Antonio«, setzte ich hinzu und freute mich, dass mir der Straßenname einfiel.

Nickende Zustimmung.

Die Tür des verbeulten Mercedes klemmte. Der Fahrer beugte sich nach hinten und öffnete die Tür auf der anderen Seite. Ich bugsierte Mimmo hinein und rutschte neben ihn auf den brüchigen Kunstledersitz. Es roch nach Kokos und Fett. Mit einer lässigen Handbewegung schob der junge Mann seine Brille über die Stirn, drehte die Musik lauter und gab Gas. Reggae. Passend zu den Dreadlocks, die von einer bunten Kordel im Nacken zusammengehalten wurden. Mimmo grinste. Ihm gefielen der flotte Fahrstil, das Hupen und Schlingern des Autos, wenn ein Fußgänger nicht schnell genug auf den Gehweg sprang. Den Oberkörper nach vorne geneigt hielt unser Taximann das Steuer mit beiden Händen umklammert. Ein Fahranfänger mit motorischen Störungen. Seine Füße spielten abwechselnd mit den Pedalen, und die Augen zuckten nervös zwischen Fahrbahn, Rückspiegel und vorbeiflanierenden Mädels hin und her. So brausten wir in diesem Tretboot auf vier Rädern durch das belebte, bunte Herz Mindelos, vorbei an den Geschäften, Straßencafés, Bars, Hotels, Marktfrauen, Joggern, Jugendlichen, Straßenkindern, Touristen. Ein gewöhnlicher Samstag. Ein paar Minuten später hielt der Wagen ruckartig am Zebrastreifen vor dem

Pont d'Agua. Wenn er nicht im letzten Moment gebremst hätte, wäre ein streunender Hund unter die Räder gekommen.

»Danke. Hier steigen wir aus.«

Der Moment war günstig, den Rest des Weges zu Fuß zurückzulegen und unbeschadet anzukommen. Rund hundert Meter weiter, quer über den Platz hinweg, lag das Café. Außerdem waren wir noch zu früh dran. Ich wollte auf keinen Fall großes Interesse signalisieren und lieber ein paar Minuten später eintreffen. Also beschloss ich, Mimmo das Sonntagskleid der ehemaligen Kulturmetropole, den herausgeputzten Saum, zu zeigen. Die Hügel, an denen die noblen, gut gesicherten Villen wie schmucke Applikationen kleben, kannte er bereits. Die sieht jeder, der mit der Fähre anreist. Vom Rücken der Stadt, der sich mit seinen wuchernden Barackensiedlungen immer weiter ins Inselinnere frisst, waren wir hier weit entfernt. Geduldig spazierte er mit mir durch die schicke Anlage des *Pont d'Agua* mit den Boutiquen, Restaurants, den Liegestühlen um den Pool herum und dem Blick auf den Yachthafen, dann ein paar Meter weiter in Richtung Stadtstrand Lajinha und wieder zurück ins Zentrum. Im Hinblick auf den Fernseher hätte er selbst ein Museum ohne Murren besucht.

Zehn nach halb drei standen wir vor der enzianblauen bröckelnden Fassade des Gebäudes. Man muss genau hinsehen. Der Eingang wird leicht übersehen. Das *Pergola* ist kein Café im klassischen Sinn, eher ein einfaches kapverdisches Restaurant im Innenhof des Hauses, in dem die französische Vereinigung ihren Sitz hat. Im Sommer trank ich gerne einen Kaffee dort und genoss die schattige Kühle, aber an diesem windigen Tag fröstelte es mich beim Betreten des Lokals. Es waren nur drei Tische belegt. Selbst wenn es voll gewesen wäre, hätte ich die beiden gleich erkannt. Im linken Teil des Raums saßen ein Paar mit zwei Kindern, in der Mitte drei Jugendliche, dahinter an der Wand zwei Herren, die ihr Gespräch unterbrachen und in unsere Richtung blickten.

»Das sind sie«, sagte ich zu Mimmo und steuerte auf den Tisch zu, auf dem eine Flasche Bier und ein halb volles Glas Wasser standen.

Neben dem Aschenbecher lag eine Sonnenbrille. Derjenige der beiden Männer, auf den der Begriff *Herr* äußerlich zutraf, stand auf, nahm mit der linken Hand seinen Hut ab, legte die rechte auf die Herzgegend und krümmte den Nacken in Richtung Brust. Es war die Art Verbeugung von Menschen, die gewohnt sind, dass andere sich verneigen, nicht umgekehrt. In freundlichem Tonfall stellte er sich vor.

»Sam Duncan. Angenehm.«

Der andere schob noch ein paar zuckerige Mandeln

in seinen Mund, leckte Daumen und Zeigefinger ab und streckte mir die Hand entgegen.

»Benne«, nuschelte er kauend.

Sam überragte mich um eine Kopflänge. Er deutete mit einer galanten Geste auf die beiden freien Stühle und blickte im nächsten Moment den anderen scharf an, was diesen bewog, sich umständlich zu erheben.

»Hi«, gab er von sich, glücklicherweise nicht mehr.

»Amelie«, sagte ich und streckte meine Finger über den Tisch, was ich Sekunden später bereute.

Wie eine ausgequetschte Zitrone fühlte sich meine Hand an, nachdem er sie mit der Kraft eines Gewichthebers durchgeschüttelt und wieder losgelassen hatte. Breitbeinig ließ er sich wieder auf den roten Plastiksitz fallen, wo sein Shirt mit Piratenprint, die Shorts und Gummisandalen in voller Pracht zur Geltung kamen.

Ich rückte den Stuhl zurück, bevor ich mich setzte, um möglichst viel Abstand zwischen uns zu bringen. Schlechten Atem konnte ich so wenig leiden wie Mandelsplitter im Gesicht. Dennoch zog mich etwas magisch an. Ich konnte gar nicht anders als hinzuschauen. Mit einer Mischung aus Ekel und Interesse betrachtete ich die farbigen Tattoos auf Armen und Beinen, die Schlange, die sich um das Armgelenk wand, die Herzen mit schnörkeligen Inschriften und die Brüste der Nixe am Bizeps, die sich mit jeder Muskelbewegung obszön dehnten. Darüber der Schildkrötenhals, der das Gesicht mit den Knopfaugen und den buschigen Brauen trug. Die Haut glich Mimmos Lederfußball. Beinahe auf allen unbekleideten Körperteilen wuchsen dunkle Haare. Ein Fell, selbst auf den Zehen und den massigen Fingern, die immer wieder flink in die Tüte mit dem Zuckerzeug griffen. Ein Eichhörnchen. Er schaut und futtert wie ein übergroßes Nagetier. Ein echter Seebär, den man selten zu Gesicht bekommt. Der andere Typ, helle Leinenhose, Hemd, Bootsschuhe, blass und smart, war mir schon häufiger begegnet. Ohne diesen albernen Panamahut wäre er als Mitglied unseres heimischen Yachtclubs nicht weiter aufgefallen. Irgendwoher kannte ich dieses Gesicht. Die hohe Stirn, die hellen Fuchsaugen, die steife, glatte Oberfläche eines Politikers. David Cameron, der britische Ex-Premierminister, fiel mir ein, als er zu sprechen begann.

»Well. Madam Amelie. Sie suchen ein Yacht?«

»Ich suche nicht. Ich finde.«

Keine Ahnung, weshalb ich in arrogantem Tonfall Picasso zitierte. Er lächelte und spielte mit dem feinen goldfarbenen Bügel seiner Sonnenbrille. Es gibt Gestelle, die die Eleganz ihres Trägers unterstreichen, um solch eines handelte es sich. Der andere schmatzte und betrachtete die junge Kellnerin, die an den Tisch trat, als wolle er sie als Nächstes verschlingen.

»Sie wünschen?«, hauchte das Mädchen und blickte mich von der Seite schüchtern an.

»Eine Tasse Kaffee und einen frisch gepressten Orangensaft.«

Dabei suchte ich Mimmos Augen, der wie gebannt auf das Eichhörnchen starrte. Ich stupste ihn leicht in die Seite.

»Mimmo. Möchtest du?«

»*Sim.*«

Sam Duncan räusperte sich.

»I'm sure. Sie werden finden das Richtige.«

»Weshalb verkaufen Sie?«, wollte ich wissen.

Das Stichwort für ihn, seine rührselige Geschichte loszuwerden.

»Unsere Weltumsegelung mussen wir beenden, da ick ein Krankheit habe. In London wartet ein Spezialist. Ick muss so schnell als möglich fliegen dorthin.«

Glaubhaft wie die Papiere, die er aus seiner Ledermappe zog. Um die Eile dieser »special occasion« zu unterstreichen, sprach er von einem weiteren Interessenten. Dann musterte er Mimmo, der so schweigsam war, wie ich ihn selten erlebt habe.

»Junge. Dir wird Yacht gefallen. Deine mom hat gute Idee, Dich mitzunehmen.«

Mimmo sagte immer noch kein Wort, und ich überlegte, ob das ein kalkuliertes Kompliment war oder ich tatsächlich für die Mutter des Jungen gehalten wurde. Jedenfalls taten die Worte meinem Ego gut. In Richtung der Kellnerin, die zwei Meter entfernt an der Theke lehnte, rief er: »the bill, please.« Er fingerte ein paar Scheine aus der Gesäßtasche.

»Lassen Sie uns anschauen die Schiff. Es ist sehr«, seine Stirn in Falten »wie sagt man? Gepflegt. Sie werden sehen. Madam.«

Keine Frage. Die Yacht war tadellos, soweit ich das beurteilen konnte. Überflüssig zu sagen, dass sie mir gefiel. Sehr sogar, was ich hinter gespieltem Desinteresse verbarg.

»Ich werde mir die Sache reiflich überlegen.«

Es fällt mir schwer zu schildern, was sich danach genau abspielte. Nicht, dass ich an Gedächtnislücken leide, im Gegenteil. Jedes Detail ist präsent, so oft wiederholte ich es gegenüber verschiedenen Polizisten, Jorge, Véronique, ihrem Juristenfreund, die allesamt, mich eingeschlossen, nicht verstanden, wie man es Ganoven so leicht machen kann.

Dennoch wird meine Stimme kein bisschen geschmeidiger, und wenn ich es noch hundertmal wiedergebe.

»Am selben Abend fuhren Mimmo und ich nach Hause. Drei Tage darauf hob ich das Geld ab. Um elf Uhr traf ich die beiden im *Club Nautico.* Ich sah, dass die Yacht noch an Ort und Stelle lag. Ich nahm die Papiere in Empfang und übergab die Summe. Wir tranken Sekt. Benne war vorausgegangen, um das Schiff klar machen. Gemeinsam wollten wir es überführen. Sam bat mich, auf seine Reisetasche zu achten, da er vor dem Abflug noch zum Markt und in die Apotheke gehen müsse. Nach einer Stunde wurde ich unruhig, weil er nicht zurückkam. Ich öffnete die Tasche. Sie enthielt Handtücher und Polyestershirts. Eine weitere Stunde später entdeckte ich, dass das Boot nicht mehr im Hafen lag.«

Dass die Papiere ungültig sind, es keinen Sam Duncan gibt, auch keinen Engländer mit ähnlichem Namen, weder auf den Passagierlisten der Fluggesellschaften noch sonst wo und kaum Aussicht besteht, die Betrüger jemals zu finden, verdrängte ich zunächst.

Selbstschutz. Die Folgen jenseits der Fakten schmerzten zu sehr. Das Gefühl, als ob man von einem Turm in den Pool springt und auf halbem Weg bemerkt, dass er kein Wasser enthält. Peng. Taubheit. Dumpfe Leere. Danach prasselten die Lebenskrisenfragen herab. Eisregen auf nackter Haut. Was tue ich hier? Wie soll es weitergehen? Die Tränen halfen nicht, auch nicht die Wut, die meinen Magen in einen lodernden Ofen verwandelte.

Ostern am Strand

Das Leben ging weiter. Was sonst.

»Nur ein materieller Verlust«, tönte meine Stimme fröhlich in die Sprechmuschel, als habe ich nichts weiter als ein Paar teure Schuhe verloren.

»Es gibt Wichtigeres. Mimmo braucht mich. Außerdem habe ich nicht der Sinnlosigkeit den Rücken gekehrt, um dem luxuriösen Polster nachzutrauern.«

Große Worte, die tatsächlich aus meinem Mund kamen, dazu in einem Tempo, das mich noch mehr erstaunte. Der Trotz war es, der Unsinn über meine Lippen peitschte. Véronique, die Freundin, ließ sich davon nicht beirren. Sie kannte meinen Seelenzustand nur zu gut.

»Was willst Du jetzt machen? Konkret, meine ich?«

»Lesen. Die andere Hälfte der Weltliteratur.«

Véronique, die Psychologin, dachte ernsthaft nach.

Am anderen Ende der Leitung tiefes Luftholen, ein Seufzer, bevor ihr Schweizerdeutsch erklang.

»Die kommenden fünfzig Jahre Geschichten studieren? Nicht Dein Ernst, odr?«

Beim oder verschluckte sie stets das *e*.

»Nimm doch Gäste auf. Dann bekommst Du Geld dafür. Die Menschen brauchen jemanden, der ihnen zuhört.«

Das war Véronique, die Pragmatische. Sie hatte viele Facetten. Ich mochte sie alle. Um sie zu beruhigen oder mich selbst, sprach ich von Fügung.

»Mach Dir keine Sorgen. Es geschieht nichts umsonst«, etwas in der Art, sagte ich, bevor ich auflegte.

Die Sache hatte mir wirklich zugesetzt.

Bald schon würde ich überrascht sein über einen Zufall. Aber zuvor kam etwas anderes.

Das Osterfest.

Ostern ist eigentlich wie Weihnachten, Silvester und Karneval auf einmal und in Hochpotenz. Wie in christlichen Gemeinden üblich, wird dabei der Auferstehung Jesu gehuldigt. In diesem Dorf jedoch stellt das wichtigste religiöse Fest alles und alle auf den Kopf. Sieht man von der Prozession mit Kerzen und Gesängen und der Messe in der Kirche einmal ab, wird ausgelassen gefeiert. Aber nicht nur am Ostersonntag und -montag, die ganze Karwoche über. Jeder, vom Kleinkind bis zur Urgroßmutter, ist angesteckt von diesem Virus mit einem Dauerstrahlen auf dem Gesicht im festlichen Aufzug unterwegs. Dazu kommen noch Verwandte und Freunde aus dem Ausland, Besucher der benachbarten Städte und Dörfer und Gäste anderer Inseln. Das achthundert Einwohner zählende Dorf schwillt an diesen Tagen auf das Dreifache an. Ein Ameisenhaufen. Emsig und dicht. Selbst der Strand ist bevölkert. Überall Zelte und Verkaufsbuden, Musik und Tanz, Gerüche nach *Grogue*, *Cachupa*, Frittiertem, süß und salzig. Dazwischen ein ungewohntes Bild. Polizisten. Für den Notfall. Man weiß ja nie, was bei diesen Massenveranstaltungen geschieht. Doch, man weiß es, deshalb zeigen die Ordnungshüter vorsorglich Präsenz. Das macht Eindruck. Die Erinnerungen an eine Messerstecherei nach einem Sommerfest sind noch nicht verblasst. Drei Stunden, nachdem die jungen Männer aufeinander losgegangen waren, kamen zwei Einsatzfahrzeuge aus der Stadt, weil es im Dorf keinen Polizeiposten gibt. Die Knüppel der Uniformierten trafen alle, die mehr oder weniger beteiligt waren. Achtzehn Männer wurden geschnappt und unsanft in die vergitterten Wagen verfrachtet, bevor man sie in Zellen steckte. Hundert Augenpaare verfolgten das Drama. Abschreckend. Deshalb nun das Gefühl der Sicherheit. Alle in Festlaune, wirklich alle, außer mir. Wäre Mimmo nicht gewesen, seine Vorfreude und mein guter Wille, unsere letzten Tage und Stunden nicht zu verderben, hätte ich mit den Hunden eine abgelegene Enklave gesucht. Irgendwo, Hauptsache weit weg. Denn Petrus spielte mit. Keine Chance auf ablandigen Wind, Regen oder Sturm. Die Livebands und die Discomusik aus Riesenboxen verschiedener Terrassen versprachen sternenklare Nächte der besonderen Art.

»Die bauen Stände auf vor dem Rathaus!«, rief Mimmo, als er in die Küche gestürmt kam, den Schulranzen zu Boden fallen ließ und Jule umarmte, als wolle er sie erwürgen.

»Mit Kleidern und Schmuck und so.«

Als ob er durch Nebelschwaden gelaufen wäre, glänzte sein Gesicht um ein Uhr Mittag bei fünfundzwanzig Grad. Fieber. Sein letzter Schultag, der bevorstehende Wechsel und das Osterfest veränderten ihn. Eifrig griff er mit der Hand in die Glasschüssel auf dem Tisch, fischte Gurkenstücke heraus und stopfte sie in den Mund. Er kniete auf dem Hocker, mir gegenüber. Sobald ich aufsah und das Tomatenzerteilen unterbrach, warf er den Kopf in den Nacken und ließ ein grünes Teil in seinen aufgerissenen Mund fallen. Und wenn ich die Augen senkte, knackte er laut und deutlich die Stücke mit seinen Zähnen entzwei. Er musste wirklich krank sein oder sehr bemüht, mir zu gefallen. Nur unter Protest aß er sonst Salat. Ich gab mir ebenfalls Mühe.

Der Versuch, meine Gefühle zu kaschieren, sollte entspannt wirken. Das kostete die größte Anstrengung. Die Begleiterscheinungen des Festes, der nahende Winter in meiner Seele, hatten mit Mimmo zu tun. Angst vor der Leere. Furcht vor der Einsamkeit.

Dabei kam mir immer wieder der Auszug meiner Kinder in den Sinn. Damals beherrschte ich die Rolle der Verständnisvollen und verbarg ihn gut, den Schock, den Worte auslösen können.

»Mama. Ich bin volljährig. Muss mein eigenes Leben …«, zwang meine Gesichtsmuskeln zu einem Lächeln. Schon als Kind war das so. Unangenehme Nachrichten lösten diese clownhafte Mimik aus. Grinsen und so tun, als berühre mich das gar nicht. Meine innere Stimme glich dabei einem Papagei.

»Nicht weinen. Stark sein!«

Später kamen weitere beruhigende Worte hinzu.

»Ein ganz normaler Prozess. Lieben heißt Loslassen.«

Die Rufe erreichten meine Seele. Dort sammelte sich das Wasser, das in all den Jahren zurückgehaltene, und begann, zuzufrieren wie ein See in den Alpen. Die Kinder spürten es natürlich, deuteten das schiefe Grinsen in meinem Gesicht und die Sprüche »ruft bloß nicht so oft an. Hotel Mama hat Ruhepause«, weil sie gar nicht zu mir passten.

Ich sehe sie noch vor mir, Patricia, wie sie in ihren

verbeulten, vollgepackten Peugeot stieg und mich ansah aus diesen fiebrigen Augen, als ob sie es sich im letzten Moment noch anders überlegen würde. Dann gab sie Gas und fuhr winkend davon. Die Stunden davor flatterte sie aufgeregt durchs Haus wie ein Vögelchen, das aus seinem behüteten Nest in die weite Welt hinausfliegt. Julian brauchte seine beiden Freunde für die drei Umzugskartons und dafür, den Sack voller Ratschläge stehen zu lassen. Seine Schulterblätter vibrierten wie das »ciao mom«, das aus seiner Kehle drang. Ganz leicht nur, aber ich spürte es, als wir uns umarmten, und hätte am liebsten losgeheult. Aber ich tat es nicht. Abschiede ohne Tränen. Unsere Katze litt ebenfalls. Mehr als zwei Auszüge hätte sie nicht ertragen. Ihr Fell wäre ausgegangen vor lauter Streicheleinheiten.

Mit Mimmo war es anders, kürzer, aber doch so intensiv, dass sich in meinem Inneren bereits eine Pfütze bildete. Sein Lachen, als ob Glocken klingeln, sein Schluchzen, wie kleine Messerstiche, die tausend Fragen, auf die ich nach Antworten suchte, und das Quengeln, das nervte, all das würde mir fehlen. Diese ehrliche Zuneigung, wie Kinder sie zeigen, die nicht heucheln müssen. Wenn er die Arme um mich schlang: »nur noch eine Geschichte, bitte«. Schlucken. Schlucken, damit das Rückhaltebecken dichthielt.

»Was meinst Du, sollen wir später ins Dorf?«

Ich hatte den Satz nicht zu Ende gesprochen, da rief er: »Siiim!«

»Morgen kommt Deine Tante. Das weißt Du ja. Sie nimmt Dich mit nach Santiago.«

Ich hackte drei große Zwiebeln, damit das Wasser einen Ausweg fand.

»Wir müssen noch packen. Freust Du Dich schon?«

»Siiim.«

Die gleiche gesungene Tonleiter von oben nach unten.

»Prima. Dann machen wir uns noch einen wunderschönen Tag«, schniefte ich und lachte dabei.

»Diese Zwiebeln sind besonders scharf.«

5

Der Auftrag

Die Überraschung kam per Telefon.

»Esther Lindberg.«

Eine warme Frauenstimme mittleren Alters.

»Wir bauen auf São Vicente. Zufällig habe ich erfahren, dass Sie Innenarchitektin sind. Würden Sie einen Auftrag annehmen?«

Pause.

»Hallo? Sind Sie noch dran?«

»Ja. Grundsätzlich ja.«

Um Zeit zu gewinnen, sagte ich »Sekunde. Ich muss das Fenster schließen.«

»Woher wissen Sie …?«

Sie unterbrach meine Frage.

»Véronique Moser, meine Heilpraktikerin, hat Sie in den höchsten Tönen gelobt.«

Der Druck in meinem Kopf ließ nach. Ich hatte meine Website gelöscht und alles vermieden, was auf meinen Aufenthaltsort hinweisen konnte. Aber sicher war man nie. Zwar hatte ich keine Steuern hinterzogen, geprellte Gläubiger und wütende Menschen hinterlassen, außer Wolfram vielleicht, aber ich wollte inkognito bleiben.

»3. Mai«, schlug sie vor.

»Elf Uhr im Hotel *Casa Branca*?«

»Einverstanden. Ich freue mich.«

Ich willigte ein, ohne zu wissen, was für ein Wochentag das war, und benutzte eine einfallslose Floskel. Wirkliche Freude sieht anders aus. Es war viel Zeit vergangen seit meinem letzten Auftrag. Ich war auf keiner der wichtigen Messen mehr gewesen, kannte die aktuellen Trends nicht. Das ließ sich nachholen. Der Vorteil des Internets. Zudem ist ein Innendesignkonzept nur dann erfolgreich, wenn die Chemie stimmt. Man würde sehen. Das Geld konnte ich gut gebrauchen. Es schwand wie der Schnee im Frühjahr. Véronique wusste das, wie alle, die nicht viel Bares haben.

3. Mai. Eine schlechte Nacht. Nervöse Unruhe. Das Laken feucht und unsortiert wie die Gedanken. Der Radiowecker spielte Afrojazz, als ich aus der Dusche stieg. Das durchdringende Saxophon überließ der Klarinette den letzten Ton. Mit dem ersten Wort des Moderators setzte der schrille Weckton des Handys ein. Sicher-

heitsmaßnahme. Barfuß rannte ich ins Schlafzimmer und schaltete beides aus. Ich fröstelte. Am Abend zuvor hatte ich bereits Schuhe und Kostüm bereitgelegt, dabei aber vergessen, wie kühl es morgens um fünf noch ist. Neunzehn Grad blinkte das Display. Der Kleiderschrank voll. Nichts Brauchbares. Ich schob die Kleiderbügel hin und her. Schließlich fiel die Wahl auf einen Hosenanzug in Beige und eine weiße Seidenbluse. Die roten Ledersandalen und die Tasche, im selben Ton und groß genug für den Laptop, bildeten den entscheidenden Kontrast. Kein Nagellack. Lieber eine Spur zu fade, als zu aufdringlich. Überlegungen dieser Art sind wichtig. Im Bruchteil einer Sekunde entscheidet der Mensch über Sympathie oder Antipathie. Die erste Begegnung ist entscheidend. Wie bei einem Bewerbungsgespräch. Und da es sich um Design, Geschmack, Stilfragen handelt, ist der erste Eindruck elementar. Man stelle sich vor, Katharine Hepburn würde noch leben und träfe auf Nina Hagen. Das wäre vielleicht amüsant, aber sicher würde sich keine der beiden von der anderen ihr Haus einrichten lassen. Mir ging durch den Kopf, was Véronique über Esther Lindberg gesagt hatte. Anfang fünfzig, verheiratet, elegant, gelangweilt. Eine Frau mit den üblichen Problemen vieler Reichen. Also wenig Schmuck. Eine Nuance schlichter. Die Perlen als Ohrstecker würden genügen.

»Bom dia.«

Djon sang sein »Guten Morgen« mit Betonung auf dem i, als er mich aus dem Haus kommen sah. Er stand neben seinem Geländewagen, öffnete die Tür des Fonds und verbeugte sich dabei theatralisch. Als ich eingestiegen war, sprang er auf seinen Sitz wie ein Hürdenläufer. Dann bekreuzigte er sich, wie das jeder seiner sieben Kollegen vor dem abenteuerlichen Start zu tun pflegt. Während er krachend den ersten Gang einlegte, drehte er mir kurz sein Gesicht zu und lachte. Im Halbdunkel sah ich nicht viel mehr als eine Reihe weißer Zähne. Freude über den Verdienst. Es war das erste Mal, dass ich mir die Exklusivität solch einer Taxifahrt gönnte. Paradox. Als ich noch nicht über jeden Escudo nachdachte, hätte ich nicht den zehnfachen Preis für die Fahrt in die Stadt ausgegeben. Aber das Risiko, in einem *Aluguer* eingequetscht wie eine Ölsardine zwischen all den anderen Fahrgästen oder womöglich hinten auf der Laderampe auf der harten Bank zu sitzen, war mir zu hoch. Die über zweistündige Fahrt durch die bizarre Landschaft auf den unebenen Pisten war anstrengend genug. Für mich immer wieder ein kleines Wunder, mit welcher Sicherheit die Fahrer ihre Fracht durch tiefe Täler und steile Anhöhen steuern, Geröll und Schlaglöchern ausweichen, in imaginärer Verbindung mit dem wechselnden Untergrund. Das zweite Staunen dann auf dem

Gipfel der Bergwelt beim Anblick des orangeroten Ballons über dem Atlantik. Auf Postkarten Kitsch pur.

Das Meer war gnädig und ließ die Fähre auf direktem Weg Kurs auf Mindelo nehmen und die *Cachupa* dort, wo sie hingehört. Mein Ritual, auf der Hotelterrasse das Nationalgericht der Einheimischen zu frühstücken, ließ ich mir weder von einem Geschäftstermin noch von der schwankenden Laune der Köchin nehmen. Mal war der Eintopf kross und lecker, mal fad und mager. Selbst wenn er ungenießbar wäre, würde ich die Zeichen der Zugehörigkeit schlucken. Für mich gehörte er zu Porto Novo wie Weißwurst zu München oder Labskaus zu Hamburg. Oder die Delfine und die fliegenden Fische zu dieser Meerpassage, die sich heute so angenehm ruhig benahm, dass Rucksacktouristen mit ihren Kameras emsig alles einfingen, was ihnen vor die Linse kam, und dabei nicht das Gleichgewicht verloren, nicht einmal rücklings an der Reling bei den Selfies. Klick und noch ein Klick. Dort, eine Flosse oder doch nur ein Wellenkamm im trügerischen Licht? Jedenfalls Klick. Falls ein paar Grindwale oder größere Vertreter ihrer Gattung aufgetaucht wären, ein Dauerklicken. Aber die Zeit der Wale war vorbei, jedenfalls die der Buckelwale. Sie waren längst weitergezogen. Deshalb andere Motive. Fischerboote. Klick. Ein Kreuzfahrtschiff. Rostige Containerschiffe. Dann die Kulisse mit den bunten Gebäuden im Kolonialstil, von der UNESCO zum Weltkulturerbe erklärt. Davor die Segelschiffe. Klick. Klick. Hunderte. Tausende. Momentaufnahmen. Ich schaute rasch weg. Beim Anblick der Yachten wurde mir übel. Gänsehaut kroch über meinen Rücken. Ich schlüpfte aus den Sandalen, winkelte die Beine an, massierte meine eiskalten Zehen und suchte den Hügel nahe der ehemaligen portugiesischen Festungsanlage ab. Irgendwo dort, in einer der wenigen Baulücken zwischen den Villen, musste das künftige Haus der Lindbergs liegen. Véronique hatte es beschrieben. Von hier aus nicht zu sehen. Dunst lag über der Stadt. Diffuse Schleier wie im November am Chiemsee.

Im Pulk der Passagiere verließ ich das Schiff, durchquerte die Hafenanlage, eilte an den *Taxi-Taxi*-Rufen vorbei und schlug die falsche Richtung ein. Bewusst. Rua Lisboa. Dort gab es ein kleines Café mit sauberer Toilette und gutem Tee. Meine Haare, die ich im Nacken zusammengebunden hatte, das Makeup, der Lippenstift, dezent versteht sich, sollten sitzen wie die einleitenden Worte, die ich mir zurechtgelegt hatte. Es sollte anders kommen.

Der Raum war überfüllt. Eine Touristenschwemme. Die Toilette besetzt. Das Personal überfordert. Zehn Minuten später pustete ich im Stehen in das Teeglas zwischen Rucksackstoff und Menschenhaut. Die Hälfte des Inhalts landete auf der Erde, dicht neben meinen Füßen. Schwitzend verließ ich den Raum und nahm ein Taxi. Zum zweiten Mal an diesem Tag, jedoch zu einem anderen Tarif. Zehn vor elf zeigten die Zeiger meiner schmalen Armbanduhr, ein ebenfalls unauffälliges Modell, als ich aus dem Wagen vor dem *Casa branca* stieg. Den Geschmack Esther Lindbergs in Verbindung mit dem Stil des Gebäudes zu bringen wäre mangels Angeboten fatal. Die Auswahl an Hotels gehobener Kategorie konnte man an einer Hand zählen. Dennoch gab es Unterschiede. Dieses bestach durch klare Linien. Es wirkte vornehm distanziert in reinem Weiß wie die Dame am Empfang. Kurz nach der Eröffnung des Restaurants hatte ich mit Véronique und Fernando dort zu Abend gegessen. »Dein Hauskauf muss gefeiert werden«, meinte er.

»Es soll die besten Tapas und Cocktails im *Casa branca* geben.«

Er bestand darauf uns einzuladen. Ein Jurist, den ich auf Anhieb mochte. Es wurde ein lustiger Abend. Nachdem wir uns vom guten Service überzeugt und von Fernando verabschiedet hatten, zogen wir noch durch die Stadt, tranken in einer Spelunke einen *Stomperott* und fielen beschwipst in das weniger luxuriöse Bett unserer familiären Pension in der Altstadt. Reife Damen mit Frühlingsgefühlen im Winter. Das ging mir durch den

Kopf, als ich mich suchend umsah. Das Restaurant war bis auf zwei Senioren und eine junge Familie leer. Auch auf der Terrasse niemand.

»Senhora Lindberg hat das Hotel verlassen.«

»Eine Nachricht für mich?«

»Não.«

»Ausgecheckt?«

»Oh. Não.«

Die adrette Dame weitete für eine Sekunde ihre bebrillten Augen.

Ich wartete. Bestellte eine Tasse Kaffee. Nach einer halben Stunde noch eine. Ärgerte mich, Esther Lindberg nicht nach ihrer Mobilnummer gefragt zu haben. Besuchte die Toilette, einmal, zweimal, setzte mich wieder. Dann wanderten meine Augen quer durch den Raum in jedes Eck, über die Tische zu den Gästen und immer wieder in Richtung Lobby und auf mein Armgelenk. Der Zeiger der Uhr bewegte sich im Schneckentempo, als ob die Batterie nicht richtig funktionierte. Warten ist erniedrigend. Ich dachte darüber nach, ob eine Absicht dahintersteckte, dass mich diese Frau hier sitzenließ, im Ungewissen, und nicht einmal Bescheid gab, dass sie sich verspätete, falls sie überhaupt noch an dieses Treffen dachte. Ich spürte, wie meine Unruhe in ein ärgerliches Gefühl umschlug. Glaubte sie, ich habe alle Zeit der Welt, nur weil ich auf einer Sonneninsel lebe? Ich beschloss, Punkt zwölf das Haus zu verlassen. So nötig hatte ich diesen Auftrag nicht.

Früher, als Gäste auf sich warten ließen, habe ich mir oft eine unpassende Arbeit überlegt, einen Kuchen zu backen etwa. Meistens klappte es. Während ich dabei war, die Zutaten dekorativ in der Küche zu verteilen, klingelte es an der Haustüre. Hier gab es nichts zu tun. Ich trank den letzten Schluck des kalten Kaffees und stand auf. Und wie man das aus Spielfilmen oder Krimis kennt, geschieht in der letzten Minute das Entscheidende. Die Rettung. So dramatisch war es zwar nicht, aber just in dem Moment, als ich den Laptop in die Tasche schob, mit dem ich vor Langeweile gespielt hatte, fünf vor zwölf, klapperten Absätze über den Fußboden. Ich hob die Augen und sah sie. Esther Lindberg. Eine Erscheinung, auf die nicht zutraf, was ich erwartet hatte.

»Entschuldigung, meine Liebe. Es tut mir so leid. Sie glauben gar nicht, welchen Stress wir hatten. Die Baustelle! Die Architekten!«, rief sie, während sie auf das Tischchen zugeeilt kam, an dem ich stand.

Das Einzige, was zu Véroniques Beschreibung passte, waren ihre elegante Ausstrahlung und die Haarfarbe. Schwarz. Glänzend. Ein exakt geschnittener Pagenschnitt, der ihr markantes, hellhäutiges Gesicht mit den katzengrünen Augen umrahmte. Die ältere Schwester der Katie Holmes, dachte ich und betrachtete ihr weißes, figurbetontes Kleid mit zitronengelben und orangeroten Kreisen, ausladend wie Melonen, und die gelben Pumps mit den Bleistiftabsätzen. Retro. Gewagt. Der Stil der Sechziger. Sie kam in Begleitung einer großgelockten Blondine Anfang vierzig.

Mit der Kraft eines Arbeiters schüttelte Esther Lindberg meine Hand. Eine zupackende Lady, was angesichts ihrer zierlichen Figur überraschte. Sie fasste die Lederriemen einer ebenfalls gelben Umhängetasche und ließ sie von ihrer Schulter zu Boden gleiten.

»Bitte«, sagte sie und deutete auf den Stuhl, auf dem ich eben noch saß, während die andere Dame mir die Hand entgegenstreckte.

»Liv Sandersen.«

Tiefe Stimme, passend zu Rundungen und Körpergröße. Auch sie trug ein Kleid. Mohn- und Kornblumen auf hellem Leinen. Hübsch. Zwei Nummern zu klein. Fältchen um die stark geschminkten Augen und in den Winkeln der pinkfarbenen, vollen Lippen. Kein Botox. Geschmeidig. Sie trug unterschiedlich lange, goldene Halsketten, Ohrschmuck und klappernde Armreifen. Ihre gebräunten Beine steckten in weißen, hohen Stiefeln mit goldenen Verzierungen. Glamourös. Mehr war auf den ersten Blick nicht zu erkennen. Jedenfalls optisch das Gegenteil von Esther Lindberg. Außer einer grazilen Uhr, vermutlich Platin, einem breiten Ring am

Mittelfinger und einem silbern schimmernden, fein geflochtenen Armband, das viel zu schlicht war, um nicht sündhaft teuer zu sein, kein Schmuck. Selten täuschte mich der erste Eindruck. Vor mir saß eine Frau, deren Wünsche ich erraten würde. Aber noch war sie nicht meine Kundin.

Der Hauch eines Parfums wehte herüber, als sie sich setzte. *Agonist Arctic Jade*, um die neunhundert Euro, falls der Duft dem Flakon der schwedischen Glasmanufaktur entstammt, was anzunehmen war. Sie schlug die Beine übereinander, ließ die Fesseln kreiseln und lehnte sich zurück. Eine herausfordernde Pose. Ich legte mein bescheidenes Lächeln auf und schwieg. Taktik. Sie musterte mich abschätzend, als ob sie ein paar Schuhe betrachtete mit dem Augenmerk auf Passform und Aussehen, ohne dabei auf das Preisschild zu schielen.

»Ich möchte gleich zur Sache kommen. Sie mussten lange genug auf mich warten.«

Punktsieg für mich. Ich neigte meinen Oberkörper etwas nach vorne, nicht viel, nur ein paar Zentimeter. Das genügte zunächst.

»Frau Moser hat mir Fotos von Projekten gezeigt, die Sie durchgeführt haben. Sehr spannend. Deshalb kann ich mir eine Zusammenarbeit mit Ihnen gut vorstellen.«

»Wie weit ist der Bau denn fortgeschritten?«

Sie gab ihre Haltung auf, bückte sich nach der Tasche, aus der sie Pläne zog. Die Kellnerin näherte sich zögernd. Esther Lindberg blickte in ihre Richtung.

»Später«, sagte sie harsch, stellte die Vase mit den Blumen und die Zuckerdose auf den Fußboden und faltete die Papiere auf.

Die Baupläne nahmen die ganze Tischplatte in Anspruch. Sie hatte das Sagen. Weder die Begleitung noch ich, sie alleine bestimmte, wer, wann, was zu sich nahm. Selbstbewusstsein. Vielleicht Egozentrik. Beides konnte vorteilhaft sein oder auch nicht.

War es nicht, wie sich bald herausstellen würde. Die Architekten hatten ein Gebäude entworfen, das überall in den exponierten Lagen der Weltmetropolen stehen könnte, ohne aus der Reihe zu tanzen. Eines der gehobenen »Reihenhäuser« unserer Zeit. Selbst die unüberwindbaren, kameragesicherten Umzäunungen. Steril. Uniforme Begleiterscheinungen des Establishments. Dahinter, inmitten der gepflegten Gartenanlage samt obligatorischer Wasserlandschaft, die Käfige, auch Paläste genannt. In Lindbergs Fall ein kubischer Bau. Sichtbeton. Lichtdurchflutet. Zeitgemäß. Kühl. Ein Haus ohne Gesicht, das aus eckigen Gucklöchern nach Wärme schreit. Seelenlose Hülle. Traurig und einsam. Tot, ob mit oder ohne Menschen in seinem Inneren. Esther Lindberg mochte es.

»Ich hasse Schnickschnack.«

Ein klares Bekenntnis. Sie ließ auch keinen Zweifel an ihrer Vorstellungskraft und spazierte mit dem ausgestreckten Zeigefinger durch die Entwurfslandschaft.

»Hier, die Lobby. Dort, die Bibliothek. Und da, sehr wichtig, das Musikzimmer.«

Die Funktionalität der Räume hatte sie im Blick.

»Wissen Sie. Mein Mann ist Diplomat. Alle drei, vier Jahre wechselt er seinen Dienstort. Überall auf der Welt haben wir gelebt. Hier soll er ein Zuhause haben, das uns beiden entspricht.«

Unter Zuhause verstand sie eine Innenraumgestaltung, die repräsentativ, minimalistisch, modern sein sollte. Auf verschiedene Kunstepochen und Stilrichtungen einzugehen, konnte ich mir sparen. Stattdessen sprach ich über die Wirkung und das Zusammenspiel verschiedener Materialien, von Formen, Oberflächen, Farben bis hin zum Licht. Die Begleitung war mit dem Smartphone beschäftigt. Esther Lindbergs Blick begann immer häufiger in Richtung Fenster abzudriften. Langeweile. Die Vorstufe zur höflichen, tödlichen Floskel: »Vielen Dank. Sehr interessant. Wir hören voneinander.« Aus. Ende. Vergeudetet Zeit. Ich wechselte die Tonart, schlug vor, qualitativ hochwertige Möbel von örtlichen Schreinern fertigen zu lassen. »Mangoholz oder Teak. Ein spannender Kontrast zu Designersitzmöbeln von Gaetano Pesce und Lampen von Monoqi etwa.«

Ihre Augen auf das Display geheftet sagte sie:

»Und das können die?«

»Mehr als das.«

Der Einstieg war geschafft.

In der folgenden Stunde wurde es konkret. Ökonomie, Ökologie, Ressourcenschonung, meine Steckenpferde durften aus dem Stall, weil sie schöne Namen trugen. Upcycling. Weg von der Masseneinheitsware. Einen individuellen Stil kreieren. Stoffe aus Afrika. Das überzeugte.

»Frau Lindberg. Sie sind einmalig. Wie das Haus, in dem Sie leben werden.«

Strahlende Augen. Entspannter Mund. Glatte Stirn.

»Erinnerungsstücke. Reiseandenken. Lassen Sie die zur Geltung kommen. Hinter einer doppelten Wand aus Glas etwa. Ein besonderes Stück aus jedem Land.«

Ich war in meinem Element und froh voranzukommen, ohne zu missionieren, was in den seltensten Fällen etwas brachte. Meine Überzeugungen mussten ihre Ideen sein, als habe sie genau das gewollt und nichts anderes. Von Kinderarbeit und miesen Produktionsstätten wollte niemand etwas hören. Ethische Aspekte hübsch verpackt. Klar und einleuchtend.

»Maserungen und Astlöcher sind kein Makel. Im Gegenteil. Sie machen den Charakter aus. Ebenmäßig schön wird schnell langweilig. Austauschbar.«

Sie nickte und lächelte, angetan von der Kunst der örtlichen Schreiner, bis ich zum Thema Farbgestaltung kam. Ein Flackern in den grünen Augen.

»Purpur im Empfangszimmer. Keinesfalls.«

»Es strahlt Würde, Mystik, Extravaganz aus. Fördert Konzentration und das Selbstvertrauen. Ist geheimnisvoll. Und dazu …«

»Nein. Nein. Auf gar keinen Fall. Bei Purpur kommt mir sofort die Kirche in den Sinn. Bischöfe, Kardinäle, der Papst. Das geht gar nicht.«

Ich tastete mich weiter voran. Raum für Raum durch das Innenleben dieses Hauses, dieser Frau. Hell. Klar. Ein Plädoyer für Weiß.

»Damit sich die Kunstwerke nicht der Umgebung anpassen, sondern umgekehrt.«

Mehr aus Lust am Spiel als mit ernsthafter Absicht kam ich auf Signalfarben zu sprechen. »Ein roter Akzent im Schlafzimmer …«

Auch hier konnte ich den Satz nicht zu Ende bringen.

»Wirkt erotisierend. Steigert die sexuelle Lust. Ich weiß. Machen Sie sich darüber keine Gedanken. Rot brauchen wir nicht. Haben Sie nichts Originelleres?«

»Einen Haifisch. Lebensgroß.«

Sie hob die Augenbrauen. Genussvolle Sekunden, bevor ich weitersprach.

»Unter Ihren Füßen. Im Badezimmer.«

Ihre Augen noch immer geweitet.

»Wie wär's, wenn Sie über trockenes Wasser schreiten und unmittelbar unter ihnen schwimmen die imposanten Meerestiere?«

»Genial! Mein Mann liebt die Hochseefischerei.«

Die Bilder von dreidimensional wirkenden Fußböden sprachen sie an. Mich auch. Mein Magen knurrte. Peinlich laut. Das Zeichen dafür, unser erstes Treffen zu einem Ende zu bringen.

»Ich würde nun die Hauptentwürfe der Raumkonzepte per Animation am PC fertigen, Recherchearbeit betreiben, Angebote von Handwerkern und Lieferanten samt Transportkosten einholen und Ihnen die Gesamtkalkulation vorstellen.«

»Wunderbar.«

Mit einem verbindlichen Händedruck gingen wir auseinander.

Meine Armbanduhr zeigte halb drei. Die Sonne schien ungehindert vom Himmel. Kein Taxi in Sichtweite. Zu Fuß steuerte ich die nächstbeste Bar an, die *Pastéis de nata* anbot. Ich kaufte fünf fettgebackene Teigtaschen und ein *Strela*.

»Nein. Nicht gekühlt. *Kent.*«

Kopfschütteln. Lächeln. Warmes Bier und klebrig Süßes. Vielleicht bekam mir die Mischung nicht. Jedenfalls hatte ich einen Kloß im Magen, wenig später, dicht am Ufer des Stadtstrands. Ich saß auf grobem, gelbem Sand und ließ die Zehen vom Meerschaum umspülen. Hosenanzug hin oder her. Das mulmige Bauchgefühl hatte einen anderen Grund. Eine Ahnung, dass der Auftrag der schwierigste meines Lebens werden würde, kroch durch meinen Körper.

Kaum war ich zu Hause angekommen, hatte Jule und Zappa begrüßt, die seit dem frühen Morgen auf mich und ihr Futter warteten und einen Tanz vollführten, als hätte ich sie drei Tage alleine gelassen, summte das Telefon. Ich überlegte einen Moment, es klingeln zu lassen, den Staub unter der Dusche loszuwerden, etwas Vernünftiges zu essen und mit den Hunden spazieren zu gehen, bevor die Nacht ihren dunklen Schleier über das Gelände legte und man Gefahr lief, in die Tiefe zu stürzen. Ich hätte das alles tun sollen. Aber ich nahm den Hörer ab.

»Lindberg. Guten Abend. Mir ist noch etwas eingefallen. Würden Sie bitte die Farbe Gelb durch Grau ersetzen …«

Die Anrufe dieser Art zu jeder Tages- und Nachtzeit sollten ab sofort zu mir gehören wie der Gang zum Wasserhahn oder auf die Toilette. Es wurde beinahe zur Normalität, dass sie »eine kleine Modifizierung« mitteilte, per Telefon, Mail oder SMS. Zwanghaft. Ganz gleich, um was es sich handelte. Form, Farbe und Material wechselten wie Ebbe und Flut. Zuverlässig. In regelmäßigen Abständen. Hatten wir uns auf einen Fußbodenbelag verständigt oder ein Stoffmuster für die Polsterung der Stühle ausgesucht, kam spätestens am nächsten Tag eine andere Idee.

»Anstatt ethno besser dänisch. Klassische Streifen. Meine Freundin meinte auch, das passt viel besser.«

Um mich nicht vollständig bei den Handwerkern zu blamieren, begann ich abzuwarten, bevor ich die Änderungswünsche durchgab. Und das löste schließlich einen mittelschweren Eklat aus.

Esther Lindberg am Telefon, eine Oktave höher als gewöhnlich: »Ich habe noch nichts von Ihnen gehört. Keine Nachricht auf dem PC. Seit zwei Tagen!«

Sie schnappte nach Luft.

»So geht das nicht weiter. Viel zu langsam. Nächste Woche bin ich in Miami. Ein Kongress, wissen Sie.«

»Amerika ist ein großes Land«, gähnte ich, »genießen Sie es.«

Tuut. Tuut. Aufgelegt.

Es war das letzte Mal, dass ich ihre Stimme am Telefon hörte. Die weitere Korrespondenz ging schriftlich vonstatten. Wir einigten uns, die Zusammenarbeit zu beenden. Und dabei blieb es. Mein Honorar, der Sondereinsatz nachts und an Wochenenden nicht miteingerechnet, halbierte sie. Ich mochte Fernando, den Juristen. Aber der Frieden war mir lieber.

29. Mai. Ein weißer Tag. Wattefetzen am dunstigen Horizont. Das Meer wie verschüttetes Bier. Schäumend. Fahle Gesichter geduckt auf der Fähre. *Bruma secca.* Sandkörner der Willkür des Windes ausgesetzt. Von Afrika übers Meer gepeitscht.

Ich fuhr zur Bank. Schwindelig vom Schlingerkurs des Schiffs. Danach ins Café. Ich sah sie sofort. Esther Lindberg. Nicht Miami. Mindelo. Sie saß mit dem Gesicht zur Tür, hob die Augen, als ob sie mich erwartet hatte. Lächeln. Unsicherheit. Zaudern. Freude. All das lag in ihrem Blick. In dieser Reihenfolge. Sonne im dichten Grau. Ich ging zögernd auf sie zu. Sie erhob sich, strahlte, und ich lauschte Sekunden später ihrer Erzählung, als ob nichts zwischen uns gewesen wäre. Als ich eine Stunde später wieder ins Freie trat, fühlte ich mich seltsam leicht, beinahe beschwingt, wie eine Möwe im Wind.

6

Patricia

Ein entsetzlicher Schrei. Irgendwo da draußen. Eine Katze. Ich erschrak, riss die Augen auf und spürte das zerwühlte Laken unter mir, feucht wie meine Stirn. An der Decke Gespenster. Mimmos stumme Gefährten. Was er wohl macht? Eindringlich, intensiv, die Töne der Nacht. Hundegebell aus der Ferne. Mehrstimmig wie die Chöre der Zikaden, die sich Konkurrenz machen. Im Hintergrund die Brandung. Hin und wieder ein Klatschen, direkt vor dem Fenster. Blätter des Brotfruchtbaums, groß wie drei Männerhände, die sich lautstark verabschieden, bevor der Wind sie mit sich nimmt. Die Discomusik verklungen. Auch keine Geräusche der Liebespaare mehr. Die Gefühle, die brennende Lust, ausgelebt auf halbem Weg zu den getrennten Nachtlagern. Der Pulsschlag der Nacht ließ nach. Ich versuchte Schlaf zu finden, zwecklos, betrachtete das Schattenspiel an der Decke. Mit jeder Böe ein wilder Tanz und plötzlich mitten hinein Julians fünfjähriges Stimmchen.

»Mama. Komm. Ich kann nicht schlafen. Die Engel fliegen.«

Wie es ihm wohl geht? Ich sah auf den Wecker. Vier Uhr. In Boston war es jetzt Mitternacht. Vielleicht ist er auf einer Party. Und Patricia? Ob sie gut schläft in diesem Augenblick? Ein Ziehen in der Brust, von oben nach unten. Ich schloss die Augen, presste die Hand auf den Bauch, massierte meinen Unterleib, wälzte mich hin und her, um die Gedanken, diese Spirale in meinem Kopf, loszuwerden. Die Hunde im Flur atmeten tief und gleichmäßig. Einer der beiden schnarchte. Beruhigend. Unmerklich glitt ich irgendwann hinüber ins Unbewusste und erwachte mit Erinnerungsfetzen an einen Schwarm fliegender Fische und mit der Sonne auf dem Gesicht.

In der Küche grüßte Rilke. *1. Juni* stand an diesem Morgen fett auf dem Abrisskalender – und nur wenige Stunden später meine Tochter vor der Tür. Patricia. Leibhaftig. Kein Traum. Bewusst wurde mir das erst, als ich sie berührte, ihren Herzschlag spürte und der Damm brach. Die Tränen waren nicht mehr aufzuhalten. Als ob etwas explodiert wäre in meinem Inneren, eine seelische Eruption. Glückshormone jagten durch meinen Körper, schüttelten ihn. Ohne irgendetwas zu denken, hielt ich sie fest in meinen Armen, gegen ihren Widerstand, ich konnte nicht anders. Sie wurde steif, stemmte sich gegen meine Nähe, brauchte viel Kraft, um sich aus der Umklammerung zu befreien. Mutterliebe, auf Eis gelegt und auf einen Schlag aufgetaut, in der Mittagshitze dieses Sonntags, in der die Wunde zum Vorschein kam. Sie war lange nicht behandelt worden, nur zugedeckt. Nun lag sie frei. Der Beginn eines Heilungsprozesses. Vielleicht. Die Schmerzen gehörten dazu. *Man verlässt seine Familie nicht einfach so.*

»Warum?«

Die elementarste aller Fragen stand zwischen uns. Aufschub. Zunächst Handlung. Etwas tun, sich annähern, behutsam, damit nicht gleich wieder zerbricht, was sich zusammenfügen soll. Das Haus betrachten, oberflächlich, im Vorübergehen. Den Rucksack ins Gästezimmer. »Vielleicht eine Dusche?«

Patricia schaute, schwieg, kaute Kaugummi, schaute.

»Hier wohnst Du also.«

Keine Frage. Eine Feststellung. Ich musste etwas sagen, damit die Kluft nicht größer würde zwischen uns.

»Gefällt es Dir?«

Zögern. Ihre Augen wanderten ratlos umher.

»Keine Ahnung.«

Dieses Mal nicht Jugendsprache, eher ein »weiß noch nicht«. Sie brauchte Zeit. Wir brauchten Zeit, die zwei

Jahre, drei Monate und fünf Tage zu überwinden, die Veränderungen, die sichtbaren und die anderen. Nicht nur die Haare, die wilden goldblonden Dreadlocks, alles an ihr schien anders. Neu und doch vertraut. Aufrecht, mit dem Gang eines Models, bewegte sie sich. Selbstsicher, attraktiv, intelligent. Die gefährlichsten Waffen einer Frau. Sie wusste das. Schon als Kleinkind spielte sie Prinzessin und trug ihr Tutu lange vor und nach der Ballettstunde.

»Wie sehe ich aus, Mama?«

Wolframs Komplimente, »meine kluge, schöne Patricia«, machten aus ihr ein ehrgeiziges Äffchen, eine Vater-Tochter. Ein Vorzeigekind. Einserschülerin. Immer beflissen.

Zielstrebig ging sie auf das Fenster zu und spähte hinaus, als suche sie jemanden oder einen möglichen Fluchtweg. Dann drehte sie sich um, ließ im Vorübergehen ihren Strohhut auf den Sessel fallen, setzte sich aufs Bett, in derselben Art wie Mimmo vor vier Wochen, und streifte die Stiefel ab, lässig, ohne ihre Hände zu benutzen.

»Das Bad ist um die Ecke«, sagte ich im Türrahmen stehend, Amadeus' Plüschbärenarm in der schwitzenden Hand.

Ich musste mich beherrschen. Am liebsten hätte ich mich neben sie gesetzt, sie wieder in die Arme geschlossen und ihren Geruch aufgenommen, diesen unveränderten Duft ihrer Haut nach frischem Heu. Es lag keine Spur von Adrenalin darin. Nichts Bösartiges. Kein Hass. Das Funkeln ihrer Augen hatte nichts zu bedeuten. Ich hätte es gerochen.

»Alles, was Du brauchst, findest Du auf dem Regal und im Schrank.«

Alles, außer dem Notfallkasten für Emotionen, dachte ich, vermutlich könnten wir einen solchen gebrauchen. Wortlos entfernte ich mich, um Amadeus in mein Zimmer auf das Kopfkissen zu betten. Behutsam, als ob es sich um ein Kleinkind handelte. Kindisch. Nostalgie. Ein staubig süßer Geruch nach guten Zeiten und solchen, in denen Bärenkräfte nötig waren. Beim Klavierspiel, wenn die Finger nicht gehorchen wollten, stellte ich mir vor, ich hätte ein ebenso dickes Fell wie er und die tadelnden Worte meiner Mutter prallten daran ab. Ich vergrub meine Nase in dem wuscheligen Kunsthaar, wie damals.

Aus dem Wandspiegel blickte mir ein gestresstes Gesicht entgegen. Die Augen gerötet, die Lider geschwollen, die Haut gefleckt, als hätte ich stundenlang geweint. Die stumme Sprache der Seele. Ich schaute genau hin, betrachtete meine Stirn, die Wangenknochen, das Kinn. Und diesen Mund. Patricias Lippen. Sie hat weder meine braunen Locken noch den Teint und die dunkle Iris. Sie ist das Abbild ihres Vaters, nur zarter, ebenmäßiger und ohne den Schmiss, diese Narbe, die unterhalb der Schläfe in Richtung Wolframs Mund läuft, nicht hässlich aufgeworfen, im Gegenteil, schmal und interessant. Ein kleiner Riss in der Gesichtspartie, der ihm diese markante Note verleiht, die neugierig macht. Nicht vollkommen glatt. Eine Vorgeschichte, dachte ich, als er mich das erste Mal mit den Worten berührte: »Darf ich bitten?« Den Arm fest um die Taille, mit der ausgewogenen Mischung aus Nähe und Distanz, überraschenden Drehs, leicht und fließend, erschien das Leben wie unser Tanz. Der Verdacht, dass sich hinter diesem männlichen Attribut eine Absicht verbarg, kam viel später. »Wie kommst Du nur auf eine solche Idee? In der Verbindung focht man mit scharfen Klingen. Niemand hätte riskiert, mein Auge zu treffen«, sagte er entrüstet.

»Das ist zufällig passiert. Ein Unfall.«

Auf Einbrechersohlen schlich ich in Richtung Küche, hielt auf Höhe des Badezimmers inne, legte mein Ohr vorsichtig an die geschlossene Tür. Wasserplätschern. Ein warmes Geräusch.

Ich wusch ein halbes Dutzend Mangos, schnitt den Kern heraus, warf sie in die Saftpresse, zusammen mit zwei Orangen, um irgendetwas zu tun. Dann kam sie. Barfuß, mit nackten Beinen, in einem weiten grünweiß karierten Männerhemd. Ein Stich in den Magen. Wolframs Hemd. Sie hatte die Haare wie einen Turban um den Kopf geschlungen und setzte sich auf den Hocker an den Tisch. Ich spürte, wie mir das Blut ins Gesicht schoss, drehte ihr rasch den Rücken zu und schenkte im Spülbecken umständlich Saft in die Gläser. Der Glaskrug zitterte wie Jules Rute, wenn sie ein Stück Kuchen von der Platte geklaut hatte.

»Wie bist Du hergekommen?«, fragte ich möglichst locker, so als wäre sie eine Freundin, die eben mal vorbeischaut.

»Flugzeug, Fähre, Auto. Den Rest zu Fuß.«

Die Quittung für meine blödsinnige Frage. Ich räusperte mich. »Ich meine, wie hast Du erfahren?«

»Franka.«

Meine Schwester. Hätte ich mir denken können, dass sie sich einmischt. Dabei hatte sie versprochen, niemandem etwas zu sagen. Vermutlich meinte sie es gut. Ihr Besuch vergangenes Jahr hat unser Verhältnis verändert. Seitdem gehen wir aufeinander zu. Aber der Weg der gestörten Geschwisterbeziehung ist steinig und der Berg der Missverständnisse noch ziemlich hoch.

»Problem? Soll ich wieder gehen? Willst Du das?«

»Um Gottes willen. Nein.«

Ich nahm die Gläser, stellte eines vor sie hin, versuchte, dabei zu lächeln und ging um den Tisch herum. Dort setzte ich mich ihr gegenüber.

»Was ist das?«

Sie blickte angewidert auf die ockerfarbene Masse und rümpfte die Nase.

»Eine Brücke.«

»Das wird nicht reichen.«

»Ein Anfang.«

In dieser Tonart ging es weiter bis zum entscheidenden Satz, der aus einem Rosamunde Pilcher-Film hätte stammen können.

»Patricia. Ich habe Dich so sehr vermisst. Bitte glaub mir …«

Als ob eine Nadel sie in den Hintern gepiekt hätte, sprang sie auf.

»Und deshalb bist Du einfach abgehauen? Hast nichts mehr von Dir hören lassen. Eine Postkarte aus Kanada. Eine aus Australien. Das war's. Als wären wir irgendwelche weitläufigen Bekannten. Nicht wichtig für Dich!«

Sie schnappte nach Luft.

»Weißt Du eigentlich, wie es Papa geht? Und Julian? Hat Dich das jemals interessiert?«, schrie sie völlig außer sich.

Ihre Augen. Glitzernde Eiskristalle. Wolframs Hemd hob und senkte sich über ihrer Brust. Beinahe wie damals, dachte ich. Dasselbe Temperament. Das Psychologiestudium konnte ihre Wut nicht drosseln. Kein Leitfaden. Kein analytisches Vorgehen. Kein Klientengespräch. Tochter und Mutter im Zwist. Authentisch. Patricia. Teil unserer Familie, die ich zerschlagen hatte und deren Scherben sie zu kitten versuchte. Schuld. Das ging mir durch den Kopf, während ich nach passenden Worten suchte, krampfhaft, weil es eilte.

»Das Fundament ist noch da«, sagte ich leise.

Sie richtete sich auf. Die Augen geweitet. Der Mund ein ovales O. Das Gesicht weicher. Eine winzige Spur. Immerhin.

»Wir sind eine Familie. Nur verstreut«, gab ich von mir, ohne daran zu glauben.

Die hässliche Falte grub sich wieder zwischen ihre Augenbrauen.

»Freunde sind Gottes Entschuldigung für Familie. Oscar Wilde«, zischte sie.

»Das Erste, das der Mensch im Leben vorfindet, das Letzte, wonach er die Hand ausstreckt, das Kostbarste im Leben ist Familie. Adolph Kolping«, konterte ich.

»Das Wort Familie aus Deinem Mund«, schmetterte sie.

»Welch ein Hohn!«

»Die Basis ist nicht zerstört, Patricia. Sie hat Risse bekommen. Aber sie trägt.«

»Ach ja?«, meinte sie und setzte sich wieder.

Trotzige Haltung. Arme aufgestützt. Mittelhandknochen unter vorgeschobenem Kinn.

»Da bin ich aber gespannt.«

Ich nahm einen Schluck aus dem Glas. Meine Kehle begann auszutrocknen, die Vorstufe zu diesem unschönen Krächzen, das aus meiner Stimme wurde.

»Es gibt einen einfachen Grund. Eigentlich mehrere, die zusammenkamen.«

Ich hatte mir das tausendmal durch den Kopf gehen lassen. Die richtigen Worte dafür fand ich nicht. Deshalb füllte sich der Papierkorb. Nichts als Entwürfe. Jetzt konnte ich nicht mehr ausweichen. Wie beginnen? Lieber nicht mit Wolfram. Keine Schuldzuweisungen. Also der Reihe nach. Und möglichst sachlich. Fakten.

»Meine Mutter, Deine Oma, hat mir einen Brief hinterlassen. Darin steht, dass ich einen anderen leiblichen Vater habe. Carlos Almeida da Cruz. Er stammte von den Kapverden. Mutter Kreolin, Vater Portugiese.«

»Was sagst Du da? Dann war Robert gar nicht mein richtiger Opa?«

Ihre Augen glänzten feucht.

»Genetisch betrachtet nicht.«

Ich nahm noch einen Schluck der zähflüssigen Masse aus dem Glas, um die Worte geschmeidiger klingen zu lassen.

»Sie lernte ihn in der Hamburger Werft kennen. Er war Arbeiter. Sie wurde schwanger, trennte sich und heiratete kurz darauf Robert. Niemand wusste davon. Sie hatte alle belogen. Aus Scham. Vor Angst.«

Ich drehte das Glas in meinen Händen.

»Mein leiblicher Vater hat nie erfahren, dass es mich gibt.«

Schlucken. Keine Tränen jetzt.

»Du kannst den Brief lesen. Er liegt in meinem Zimmer.«

Ich tastete nach dem Verschluss meiner Silberkette. Nur mit Mühe bekam ich ihn auf. Immer dieses Zittern. Ich hielt Patricia das Amulett mit dem Stern des Südens hin, der vom Hals meiner Mutter an meinen gewechselt war.

»Das Erbe von Carlos.«

Sie nahm den Schmuck in ihre Hand, als habe er Stacheln.

»Wie? Wie konnte sie das verheimlichen?«

»Sie hat gelitten. Ihr Leben lang. Ich weiß das jetzt.«

Meine Stimme wurde dünn.

»Sie gab mir den Namen Amelie, die Buchstaben von Almeida, begrub mich unter ihrer Zuneigung. Und

Franka stand daneben. Draußen. Sie blieb immer außen vor.«

Ich strich eine Locke aus meiner Stirn, hinter der es heftig arbeitete.

»Eine Mutter mit ihren ungleichen Töchtern und einem Ehemann, der schwieg«, sagte ich und dachte an die Familienfotos, die zu sprechen beginnen, sobald man sie betrachtet.

»Lebt er noch? Ich meine der richtige …?«

Pause. Tiefes Atmen.

»Nein. Gestorben. Bevor ich hierher kam.«

Das Ventil hielt nicht mehr dicht. Wasser lief über mein Gesicht. Ich bedeckte die Augen mit den Händen. Die Vorstellung dieses Verlustes tat weh. Es war nicht mehr als der innige Wunsch, die brennende Hoffnung, die zerbrochen waren. Aber es schmerzte wie eine gerissene Sehne im Sprunggelenk, die nie mehr zusammenwachsen würde. Der Körper losgelöst vom Fuß. Ein Baum im Sturm. Abgeknickt. Die Wurzel getrennt vom Stamm. Die Hälfte gestorben. Ich fühlte mich, als ob ein Teil von mir amputiert worden wäre, den ich nie kennengelernt hatte. Eine Berührung an meiner Schulter. Ganz sanft. Ich spürte Patricias Wärme dicht neben mir und blickte auf. Sie zog die Hand zurück, als habe sie sich verbrannt. »Komm, ins Freie. Ja?«, fragte ich. »Okay.«

Meine Knie waren weich wie Palmfett, als ich aufstand. Patricia folgte mir durchs Haus hinaus in den Garten und warf einen Blick auf die Hunde, die unter dem Gummibaum dösten.

»Wie heißen die?«

»Jule und Zappa.«

Ein Hauch von Interesse. Das Gesicht eine Nuance entspannter. Wir setzten uns auf die Sessel unter der grünen Pergola. Maracujapflanzen. Schatten. Patricia mehr als einen Meter entfernt. Keine Tuchfühlung. Vorsichtig nahm ich den Faden wieder auf.

»Carlos Almeida da Cruz hatte eine Familie. Viele Kinder. Ich habe zwei Halbgeschwister. Eine Schwester auf Fogo. Einen Bruder in Mindelo.«

Ihre Augen wieder groß, als sehe sie einen Geist.

»Tanten und Onkel. Ich meine Halb.«

Sie rückte in ihrem Sessel zurück, zog die Beine an. Abstand.

»Wolltest Du das auch mit ins Grab nehmen?«

»Ich habe euch geschrieben. Hundertmal. Es klang falsch. Pathetisch. Traf den Kern nicht. Alles Müll.«

»Du hättest es versuchen sollen. Wir hatten ein Recht darauf.«

»Wie sollte ich erklären, dass mein ganzes früheres Leben verkorkst war? Wie in Worte fassen, was ich selbst nicht verstand? Wie sagen, dass ich mich fremd fühlte in der eigenen Haut? Wie ausdrücken, dass alles anders verlaufen wäre ohne diese Lüge? Rechtfertigungen, abgedroschen, nicht passend.«

»Aber die Postkarte *Macht Euch keine Sorgen. Mir geht es gut.* Das ist Dir wirklich prima gelungen«, fauchte sie. »Du hättest uns sagen *müssen,* was los ist, wo Du bist, weil es auch uns betraf.«

Sie nahm die Filzsträhne, die aus dem Turbanflechtwerk gerutscht war, und über ihrer Nase schwebte und schob sie unter die anderen.

»Hast Du es jetzt gefunden? War es das wert?«

»Ich fühle mich wohl hier. Das steht fest. Mehr nicht. Aber …«, ich knetete meine Finger, wie Jorge, wenn er nervös ist, »da war noch mehr, Patricia.«

Vor Angst, die Nadel würde sie wieder in Rage bringen, zögerte ich.

»Nicht falsch verstehen, was ich Dir jetzt sage.«

Ich sog die Luft tief in die Lungen.

»Wolfram hatte ein Verhältnis mit einem Mädchen, kaum älter als Du. Eine Studentin. Er finanzierte eine Wohnung in Schwabing und ihr Auto. Eineinhalb Jahre lang. Der Klassiker. Und ich habe nichts gemerkt.«

Ich überlegte, wie lange ich mich eigentlich in der trügerischen Sicherheit der Ehe bewegt hatte, traumwandlerisch, verblendet für die Anzeichen, die eine Beziehung auf die funktionale Ebene reduziert.

»Wir sind ein gutes Team«, sagte er irgendwann.

Das Outsourcing der Gefühle war mit diesem Satz bereits beschlossene Sache. Die Emotionen ausgelagert, rational und rechnerisch betrachtet die logische Folge einer erkalteten Partnerschaft. Die körperliche Bestätigung, Lust und Leidenschaft, bekam er von einer blutjungen Frau, ohne auf die Annehmlichkeiten einer eingespielten Ehe verzichten zu müssen. Das Schicksal Millionen anderer Frauen wollte ich nicht teilen und war deshalb schockiert wie eine Blinde, die auf einen Schlag sehen kann. Patricia reckte ihren Hals, schob den Unterkiefer vor, blickte von oben herab.

»Ich weiß.«

»Wie?«

»Er hat es mir gesagt. Auch, dass Du ihn betrogen hast.«

»Moment.«

Feuer in meinem Magen.

»Die ganze Wahrheit kennst Du sicher nicht.«

»Deine oder seine? Welche Sichtweise?«, fragte die Psychologin.

»Die Fakten. Ich habe das Geld genommen, das er nicht ehrlich verdient hat. Ich musste weg, meinen Vater suchen, meine Identität …«

»Immer nur ich. Merkst Du was?«

»Mein Gott, Patricia. Du tust, als ob ihr Kleinkinder

gewesen wärt. Du wohntest längst mit Peter zusammen und Julian war in Amerika. Es hätte euch nicht wirklich interessiert, wie es mir geht.«

»Das stimmt nicht. Wir waren eine Familie, Himmel Herrgott.«

Sie stand auf. Setzte sich wieder.

»Das Schild an der Haustüre mit unserem Familiennamen und den Vornamen, allen. Das Band am Telefon mit Deiner Stimme: *Hallo, die Familie Wagner* …, alles eine Farce. Wir waren doch nicht unglücklich, oder? Die Urlaube am Chiemsee. Die Feiertage. Weihnachten.« Sie kratzte sich am Arm.

»Letztes Jahr saßen wir an Heiligabend zu dritt vor dem Kamin und warfen Tannenzweige ins Feuer. Es knisterte. Kleine Explosionen. Wie unser Streit. Kurz zuvor.«

Sie schaute in die Ferne, als sehe sie dort die Bilder.

»Am nächsten Tag habe ich mich von Peter getrennt. Er verstand einfach nichts. Und Julian flog zurück. Eine leere Hülle über dem Ozean. Und Du weg, irgendwo zwischen Boston und München. In der Mitte, die es nicht mehr gab. Sie war zerbrochen. In Einzelteile. Du warst unsere Mitte. Unsere Mutter.«

Die Tränen, die über ihre Wangen liefen, ließen die Stimme immer leiser werden. Das *Mutter* ein Flüsterton. Ich schluckte. Aber der Kloss im Hals bewegte sich nicht. Ich beugte meinen Körper nach vorne. Streckte die Hand aus.

»Lass mich.«

Sie stand auf. Abrupt.

»Ich muss jetzt alleine sein. Bin müde. Mein Kopf brummt.«

Ich sah ihr nach. Eine Elfe, barfuß mit wippenden Haaren im Männerhemd. Ein gestrandeter Engel. Patricia, zutiefst verletzt. Ich massierte meine Schläfen und dann die Stelle zwischen Brustbein und Bauch. Ein Tausendfüßler schlief in meinem Körper. Jetzt erwachte er und begann wieder zu fressen, Stück für Stück, immer tiefer hinein. Alles wund, wie die Seele meiner Tochter. Ich würde viel erklären müssen. Über ihren Vater sprechen, der diesen Freibrief besaß, auf dem in fetten Lettern stand: *unantastbar.* Wolfram, wie ein Diplomat im Schutz der Immunität. Niemals hätte ich mich von ihm getrennt und die Kinder im Stich gelassen. Aber sie waren längst keine Kinder mehr. Erwachsen. Eigenständig. Ich hatte mich getäuscht.

Jule streckte sich, gähnte herzhaft, stand auf, schüttelte ihr Fell und schien zu überlegen, ob sie sich wieder auf die Erde fallen lassen sollte. Sie sah in meine Richtung. Nach vorne gestreckter Kopf. Hängende Ohren. Dann trottete sie heran.

»Gutes Tier.«

Ich streichelte die Stelle am Nacken. Das mochte sie besonders gerne. Es war drückend warm trotz des grauen Vorhangs, der die Sonnenstrahlen abschirmte. *Bruma secca.* Mal wieder. Ich hatte noch nicht herausgefunden, ob der Wüstensand einem bestimmten Rhythmus folgt wie die Gezeiten. Meistens war es einige Zeit klar und sonnig, dann gab es windige Tage und dann wieder diesen Schleier mit der bleiernen Schwere und Melancholie im Schlepptau. »Komm«, sagte ich zu Jule, die ihren Hundeblick sprechen ließ: *bei der Hitze?*

»Spazieren gehen. Die Perspektive wechseln. Das brauchen wir jetzt.«

Glücklicherweise war niemand im Haus, der beobachten konnte, wie ich mit dem Tier sprach. Lorina hätte den Kopf geschüttelt und gelacht *kkkk*. Ihr *denk nicht so viel* kam mir in den Sinn. Wie hatte Eckhart Tolle einmal gesagt: *Die Quelle des Unglücklichseins liegt nicht in den Ereignissen, die auf uns zukommen, sondern in dem unaufhörlichen Gedankenfluss*. Das hätte ihr gefallen. Ich stand auf, klatschte in die Hände.

»Auf. Komm!«, um die Hündin zu motivieren und mich.

Die Quelle. Das ist es. Jule folgte mir durch das Haus und hinaus in Richtung des trockenen Flusstals, wo die schönen Gärten sind, Mango- und Papayabäume, riesenhafte Schattenspender und mein Lieblingsplatz. Die

Stelle, an der das Wasser aus der Tiefe dringt, in ein Becken plätschert und für Leben sorgt. Der natürliche See, gesäumt von Bananenstauden, vier Meter hoch, daneben Yams- und Maniokblätter zwischen glatten Lavablöcken. Ein magischer Ort.

Ich dachte, die Gedanken würden hier zur Ruhe kommen. Doch sie sprudelten wie das Wasser. Wie war das gleich? Eckhart Tolle. Fragmente seiner Erkenntnisse zum Thema Glück fielen mir ein. *Es liegt in der Natur der Dinge, dass wir Hindernissen begegnen, die uns zu blockieren scheinen. Wenn wir ihnen ohne Widerstand begegnen, erkennen wir, dass sie zu unserem inneren Wachstum beitragen. Dann können wir das wahre Glück in der Tiefe empfinden.* So ähnlich hatte er ausgedrückt, dass Leid zum Leben gehört. In einem seiner Bücher stand ein prägnanter Satz: *Durch Herausforderungen entwickelt sich ein stärkeres Bewusstsein, und so vollzieht sich Evolution.* Das muss ich Patricia sagen, beschloss ich, falls sie das nicht wusste. Jule tappte mit ihren Pfoten im Bachlauf umher, der sich durch das üppige Grün schlängelte, bevor sie ihren Bauch vorsichtig in das kühle Nass sinken ließ. Ich legte mich auf den Rücken, lauschte dem Geflüster der Blätter, dem Surren der Libellen, dem Flügelschlag der Schmetterlinge und dem Geplätscher des Wassers. Kein menschlicher Laut weit und breit. Ich schloss die Augen, spürte, wie mein Atem ruhiger wurde und schlief ein.

Etwas Nasses auf meiner Nase. Ich fuhr hoch. Jules Schnauze. Frösteln. Halb sechs. Bald würde es dämmern. Ich stand auf, klopfte den Schmutz vom Kleid und machte mich auf den Heimweg. Die Haustüre war verschlossen. Ich hatte vergessen, den Schlüssel mitzunehmen. Patricia. Ich musste sie wecken, falls sie schlief, und betätigte den Messingklopfer. Es dauerte. Gerade als ich überlegte, über die Mauer zu klettern, drehte sich der Schlüssel mehrmals im Schloss. Eine Sekunde später dann der Schock. Ich riss die Augen auf wie heute Mittag, als sie vor der Türe stand. Patricia. Mit kahlem Kopf. Beinahe zumindest. Stoppeln. Keine Locken mehr. Die ganze Haarpracht weg. Sie sah aus wie ein Skinhead. »Ziemlich heiß hier«, antwortete sie meinen entsetzten Blicken. Weshalb? Ging es darum, die alten Zöpfe loszuwerden? Hätte sie auch die Wurzeln ausgerissen, wenn es nicht so schmerzhaft wäre? Was würde als Nächstes kommen? Die Fragen, die ich besser nicht stellte, bohrten sich in meinen Kopf.

»Hast Du die Dreadlocks noch?«, nuschelte ich und schob mich dicht an ihr vorbei ins Hausinnere.

Sie schloss die Türe und drehte wieder den Schlüssel im Schloss.

»Warum?«

»Vielleicht mach ich mir ein Haarteil draus.«

Große Augen.

»Ich denke Dreads sind ein Zeichen der Zugehörigkeit. Ein Symbol der Rebellion. Eine Positionierung. Gegen Rassismus«, setzte ich nach.

»Deshalb brauch ich sie ja nicht mehr«, erklärte sie, meine Tochter, die Radikale.

Wir gingen schweigend durch den Raum.

»Ich bin stolz auf Dich«, sagte ich in der Küche, weil ich begriff, dass sie längst begriffen hatte.

»Erzähl mir von den Leuten hier. Von meinen Verwandten.«

Der Tonfall barg Interesse ohne einen Hauch von Ironie, der sich so gerne in ihre Stimme legte.

»Später. Du hast sicher Hunger.«

Beim Anblick von Jule, die suchend vor den leeren Fressnäpfen stand, fiel mir ein, dass wir noch gar nichts gegessen hatten.

»Im Gefrierschrank liegt eine Dorade.«

Kochen. Gemeinsam etwas tun. Das wäre hilfreich, dachte ich.

»Vielleicht erinnerst Du Dich? Ich bin Vegetarierin«, sagte Patricia mit Blick auf die Messingpfannen an der Wand, »außerdem konntest Du noch nie kochen.«

»Also keinen Fisch?«

»Ach so. Fische sind hier keine Tiere. Das wusste ich nicht.«

Der Sarkasmus meiner Tochter war zurückgekehrt.

Etwas piepste. Dann die Töne einer Marimba. Eine Melodie. Sie zog ihr Smartphone aus der Brusttasche des Hemdes.

»Ja?«

Das Handy ans Ohr gepresst wandelte das Küken hinaus, das kurz zuvor noch ein Löwe war. Im Schrank ließ sich auf einen Vorrat an Pastasaucen zurückgreifen. Nach der Tomatenschwemme im März hatte ich mit Lorinas Hilfe zwei Dutzend Gläser eingemacht. Spaghetti dazu und frisches Basilikum. Vielleicht Käse. Mochte sie Ziegenkäse? Ich wusste es nicht, so wenig, wie ich das Gefühlsleben meiner Tochter kannte. Die Konzentration aufs Kochen fiel mir schwer. Mit wem sie wohl gerade telefonierte?

»Suse. Lässt Dich grüßen.«

Patricia. Zehn Minuten später. Zigarette in der Hand. Beine in der Jogginghose. Smartphone auf dem Tisch. Tabak und Gras in der Luft. Der Geruch nach dem Joint mischte sich mit dem Duft nach Nudeln und Kräutern, während sich draußen der Tag lautlos verabschiedete. Die Szene in der Küche im Kerzenschein inmitten der Lebensmittel beinahe heimelig. Was, wenn ich zu Hause geblieben wäre und sich äußerlich nichts verändert hätte? Würde sie dann ihre Geheimnisse, Ängste, Wünsche, ihre intimen Erlebnisse mit mir teilen? Mütter sollten nie ihre Rollen vergessen und zu besten Freundinnen mutieren, fand ich. Dennoch, würden wir uns näherstehen? Angenommen, ich hätte die unausgesprochenen Erwartungen weiterhin erfüllt, an Geburtstagen und Feiertagen, mit Weihnachten als Krönung? Wir wären in die Christmette gegangen, weil einmal im Jahr auch die Kirche dazugehört und man plötzlich vergrabene Werte auspackt wie das Lametta, die Kugeln und all die Traditionen der Christen. Wir hätten Lebkuchen, Linzertorte und den glitzernden Weihnachtsbaum gelobt, die obligatorische letzte Runde heile Familie gespielt, bevor die Kinder, vom Familienglück gesättigt, in ihre Welt und Wolfram, ohne verräterisches Gebaren, ins Büro abgereist wären, »wirklich nur ganz kurz meine Liebe, ein wichtiger Kunde«, um seiner Geliebten Trost, Luxusgüter, Versprechungen und anderes zu spenden. Was hätte das gebracht?

»Ist etwas passiert?« Ich sah kurz in ihre Richtung und entkorkte dabei einen Dourado. Zwei Flaschen des besten Rotweins, den man hier bekommen konnte, standen noch im Regal.

»Ich meine, angesichts der Handytarife ins Ausland.«

»Es gibt Flatrates. Mama.«

Pause.

»Suse ist schwanger.«

Ich sah das Mädchen vor mir. Susanne Winkelhofer,

zart, brünett, wohl erzogen, seit dem Gymnasium mit Patricia befreundet und ständig bei uns.

Dreiundzwanzig müsste sie jetzt sein, das behütete Einzelkind des viel beschäftigten, gut situierten Ehepaares.

»Freut sie sich?«, fragte ich, bemüht, in kein Fettnäpfchen zu treten.

»Wenn sie andere Eltern hätte.«

»Sind Ärzte nicht die besten Geburtshelfer?«

»Nicht in diesem Fall.«

Patricia zog tief an ihrem Glimmstengel, bevor sie weitersprach. Ich bildete mir plötzlich ein, dass womöglich meine Tochter ein Kind erwartete. Das würde ihren Besuch erklären. Und das weite Hemd. Ihr hypersensibles Wesen.

»Ich würde mich auf ein Baby freuen«, gab ich zum Besten.

»*Der* Zug ist abgefahren. Das schaffst nicht einmal Du.«

Sie kicherte: »in *Deinem* Alter.«

Das erste Mal, seit sie hier war, sah ich ihre Zähne und freute mich, obwohl sie mein Alter betonte.

»Ich meine, wenn Du ein Kind ...«

»Alzheimer, Mama? Ich habe mich von Peter getrennt!«

»Es gibt noch andere als Peter-Männer. Gott sei

Dank.« Ich mochte ihren Freund nie, was kein Geheimnis war.

»Weshalb seid ihr kein Paar mehr?«

Der Grund der Trennung interessierte mich.

»Er ist egozentrisch, rücksichtslos, egoistisch, kaltherzig, arrogant, stur ...«

Ihre Salve an Eigenschaften brachte mich ebenfalls zum Lachen. Das Eis war geschmolzen und die Spagetti verkocht.

»Du kannst es wirklich nicht«, sagte sie, als wir vor dem Nudelbrei, jenseits von al dente und Genuss, saßen und sie immer häufiger vergaß, sauer zu sein.

Vielleicht bewirkten der laue Wind, der Alkohol oder der Joint das bessere Klima. Möglich, dass es sich um eine Art Ruhe vor dem Sturm handelte. Und wenn schon. Sie beantwortete meine Fragen zu Julian und dessen mexikanischer Freundin, von der ich zum ersten Mal hörte.

»Yumi ist drei Jahre älter als er, sympathisch, lebt in seiner WG, studiert, die beiden sind glücklich verliebt.«

»Wusstest Du, dass hundertachtzigtausend Menschen von den Kapverden in Boston leben? Einige, die zurückkamen, haben auf der kleinen Kapverdeninsel Brava gebaut. Dort kann man diesen typischen Bostoner Baustil sehen.«

»Aha.«

Flackerndes Kerzenlicht in ihren Augen. Der falsche Zeitpunkt, um von unserem kulturellen Erbe zu sprechen.

»Ich kenne Boston. War dort vor zwei Monaten. Saukalt, aber tolle Stadt.«

Ihre Stimme teilnahmslos. Ähnlich die Kurzfassung zu Wolframs Leben. Sie zerkrümelte die Stoffserviette, während sie sprach.

»Die Affäre mit der Studentin endete. Zwei Wochen nach Deiner Flucht. Papa ging es sehr schlecht. Er konnte nicht mehr arbeiten, trank zu viel.«

Die Augen gesenkt. Vor ihr ein kleiner Berg weißer Papierfetzen.

»Dann kümmerte sich Vivian. Geschieden. Keine Kinder. Sie zog ein. In unser Haus. In unser Leben.«

Das war eine Überraschung oder auch wieder nicht. Eine Golfbekanntschaft. Patricia sagte: »Sie ist affig«, vielleicht auch »affektiert« oder beides. An den genauen Wortlaut erinnere ich mich nicht. Die Bedeutung lag nicht im Detail. Viel wichtiger war, dass sie überhaupt sprach. Eckdaten in Stakkato. Für mehr war es noch zu früh oder schon zu spät. Sie schien müde, zog sich in sich selbst zurück und kurz darauf in ihr Zimmer.

Während ich den Tisch abräumte, hörte ich ihre Stimme. Sie schien mit Suse zu sprechen. Wortfetzen. Silben, die wie Schmetterlinge aus dem Gästezimmer schwebten.

»Schön. Wirklich. Bougainvilleas, haushoch. Mediterran. Nein, richtig warm. Wir haben geredet …«

Ich lauschte, versuchte, so wenig wie möglich zu klappern. Zu auffällig. Das Fehlen der Geräusche. Die Fenster wurden geschlossen. Die schmale Silhouette hinter dem dünnen Gewebe der Vorhänge bewegte sich hin und her. Ein Schattenspiel. Dieser Engel mit Flügeln im Herzen. Meine Tochter. Gestern unerreichbar fern – jetzt unerreichbar nah. Ich blies die Kerzen aus, ging auf leisen Sohlen ins Badezimmer und kuschelte mich wenig später an meine Erinnerungen. Amadeus fest im Arm.

Gebell. Jule und Zappa aufgeregt. Ich erschrak, schaute auf den Wecker. Halb neun. Die Sonne schien ungebremst vom Himmel. Grelles Licht. Mit einem Satz war ich aus dem Bett. »Schschscht. Leise. Das ist Monica.«

Die Hunde hatten sich noch nicht an die Neue gewöhnt.

Monica ignorierte die Tiere und folgte mir in die Küche.

»Besuch?«

Ihre Augen hatten die Lage rasch erfasst, während

sie über das Chaos auf dem Tisch und im Spülbecken huschten. Als Mutter dreier Kinder und Tochter einer behinderten alten Frau brauchte sie keine Anleitung. Mein zustimmendes Nicken war überflüssig. Sie sah mich gar nicht an, schnappte das Geschirrhandtuch und verscheuchte die Hundertschaft an Fliegen, die sich mit den Essenresten vergnügte, bevor sie den Wasserhahn aufdrehte. Ein Glücksfall. Wie Lorina. Diese Frauen nehmen ihr Schicksal mit Gleichmut in die Hand und lachen über Dinge, die uns im Magen liegen. *Kkkk - denk nicht so viel.* Lorinas Stimme begleitete mich im Geist auf dem Weg ins Badezimmer. Ich öffnete die Tür und erschrak, weil ich erschrak. Patricia. Nackt unter der Dusche. Wie sonst.

»Sorry«, murmelte ich und überlegte, weshalb ich mich ständig schuldig fühlte.

Das musste ich schleunigst ändern und die Courage wiederfinden. Vorsatz Nummer eins. Kaltes Wasser. Verzicht auf Luxus. Ab unter die Außendusche. Die Überwindung wurde belohnt durch prickelnde Haut und Tatendrang. Vorsatz Nummer zwei. Die Küche.

»Ich mache das, Monica. Gehst Du bitte zum Bäcker? Wir brauchen Brötchen.«

»Não.«

»Warum nicht?«

»Bäcker krank. Cabessa.«

»Wegen Kopfschmerzen kein Brot?«

»Schwarz. Wie ich.«

Sie grinste und drehte ihren Kopf um fünfundvierzig Grad. Die Mundwinkel sanken ab, die Augen wanderten nach oben.

»Meine Tochter«, flüsterte ich in Monicas Ohr und flötete: »Guten Morgen« in Richtung Patricia. Sie stand barfuß in einer gemusterten Tunika im Türrahmen. Blass und schmal. Durch ihre Größe und den Flaum auf dem Haupt wirkte sie zerbrechlich wie ein Papayabaum. »Tochter?«

»Sim«, sagte ich stolz und wusste in derselben Sekunde, was sie dachte.

Sie hat tatsächlich Kinder. Das soll ein Mädchen sein? Ist sie krank?

Da kam Vorsatz Nummer drei ins Spiel. Nicht entschuldigen für dieses und jenes und schon gar nicht für Äußerlichkeiten. Patricia stand wie angewurzelt.

»Kein Brot heute. Es gibt Fruchtsalat, Eier, Käse, Haferflocken, Joghurt und mit etwas Glück sogar Kartoffeln. Was willst Du?«

Sie klappte den Mund auf und zu wie ein Fisch auf dem Trockenen. Monicas Anwesenheit. Irritation.

»Ähm. Frucht. Egal. Alles gut.«

Sie zog ihren Mund in die Breite und bewegte sich zum Tisch. Monica zeigte ihr makelloses Gebiss und tauchte ihre Hände wieder in das Schaumbad. Ab da schienen sie sich einig zu sein in ihrem lächelnden Schweigen und den Gesten zur Verständigung.

Wind und Sonne hatten die Atmosphäre gereinigt. Ungetrübter Weitblick auf den glitzernden Ozean bis zum Horizont, der eine geheimnisvoll nebulöse Achse bildete. Diesseits und jenseits unserer Leben, dachte ich und betrachtete Patricias Rücken, der sich bunt von der Mauer abhob. Sie stand reglos in den Zauber der Natur versunken. Ein Hamilton-Mädchen in ihren Hotpants und der ornamentalen Bluse unter dem Wagenradhut.

»Können wir?«, fragte ich und bekam ein Lächeln.

Sonnengläser, überdimensioniert wie die eines Popstars, verrieten ihre Stimmung nicht. Bis vorhin war sie so gut gelaunt, dass ich bereits zu zweifeln begann. Aber das *kkkk - denk nicht …* hielt mich zurück. Das Frühstück verlief entspannt, als läge nicht mehr als ein Berg voller Obst zwischen uns. Patricia lachte über die Bananen, die aussahen wie dicke gespreizte Finger, und scherzte mit Monica um die Gunst der Hunde. *Wer schmeißt das Stöckchen?* Pläne im Kopf, Wanderkarten auf dem Tisch, machte ich Vorschläge.

»Schau. Hier sind wir«, mein Zeigefinger auf einem winzigen Punkt.

»Tausend Möglichkeiten.«

»Eine Woche«, sagte sie und zuckte mit den Achseln, »mach was draus.«

»Traust Du mir das zu?«

»Alles.«

Die Stimme nicht ironisch, eher belustigt.

»Wir steigern uns langsam«, sagte ich munter und vermied ebenfalls jeglichen Zynismus.

Auf keinen Fall zerreißen, was zusammenwächst. Behutsam bleiben. Schritt für Schritt vorantasten.

»Wir könnten durch das Dorf, an den Strand und schwimmen gehen und später in das Flusstal, wenn es abkühlt.«

Ihr Gesicht reglos.

»Morgen auf die andere Seite der Insel. Abstieg vom Cova-Krater durch das fruchtbare Paul-Tal, eine Küstenwanderung und dann sehen wir weiter.«

Ein leichtes Nicken mit dem Kopf.

»Also los. Packen wir es an.«

Aus dem Wandspiegel in meinem Zimmer sah mir eine andere Frau entgegen. Glänzende Augen, straffer Teint, weicher Mund. Vollkommen entspannt. Ein Wunder.

Das Phänomen hielt an. Stunde für Stunde. Tag für Tag. Eine Hochdruckzone. Keine Tiefs in Sicht. Nur ab und zu ein frischer Wind. Eine kurze atmosphärische Störung. Am vierten Abend, als wir erschöpft und dem

Verdursten nahe, in Cruzinha angekommen waren, sagte sie:

»Als Du fort warst, habe ich mich gefühlt wie in diesem Moment. Ausgelaugt und einsam wie der Esel dort.«

Sie massierte ihre Knie und sah mich aus wässrigen Augen an. Ihre Lippen zitterten.

»Es tut mir leid, Patricia. Ich konnte einfach nicht mehr.«

Die hundertfach gestellte Frage, auf die es mehr als eine Antwort gab, *Warum gingst Du weg?*, war wieder aufgetaucht. Genau betrachtet wollte ich die faulen Früchte meiner Erziehung loswerden. Kein unehrliches Lächeln zur Erfüllung von Erwartungen mehr. Authentizität und echte Empathie. Dies zu erkennen, war das Schwierigste. Das sagte ich ihr bereits, auch, dass ich noch lange nicht am Ziel war, nur auf dem Weg dorthin. Was ich ihr nicht sagte, war, dass sie und Julian mir voraus waren. Dass sie diesen Kompass hatten, den man in der leistungsorientierten Gesellschaft braucht, um sich zurechtzufinden oder den Richtungswechsel anzupeilen. Dass sie nie zu heucheln brauchten. Dass sie keine Altlasten mit sich herumschleppten. Stattdessen erzählte ich von Land und Leuten, dem Leben mit der anderen Kultur, den Besonderheiten der Natur, zeigte ihr die schönen, traurigen und hoffnungsvollen Seiten der

Insel und machte sie mit einem Teil ihrer Wurzeln bekannt. Nahrung für die Seele. Und dann war Sonntag. Abschied. Viel zu schnell.

»Krisen verdichten das Leben auf die Erinnerungen. Überwiegen die guten, werden sie zu einer Stütze aus Stahl, überwiegen die schlechten, bleibt nur ein Stab aus Glas.«

Dies war mir eingefallen, als wir am Terminal standen, und ich sie zum letzten Mal für längere Zeit in den Armen hielt.

»Hauptsache die Brücke hält«, sagte sie und schluckte die Tränen weg.

Denn hinter uns tauchte ein bekanntes Gesicht auf. Ruben.

7

Tanz auf dem Dach

Die Verlegenheit gebar die Idee. Auf der Suche nach einem Halt im Wirrwarr der verwandtschaftlichen Beziehungen hatte ich Ruben besucht. Vor drei Wochen war das, als ich meine Tochter vorstellte. Aber nicht ihm alleine. Den Luxus eines Singlehaushaltes gab es nicht. Wohnraum wurde vielfach geteilt in jenem Bezirk Mindelos, der keine Dunkelheit braucht, damit Fremde die Zähne zusammenbeißen. Die misstrauischen Blicke der Armut folgten uns auf dem Weg durch die grauen Gassen. Wie Hasen im Zickzack wichen wir Schlaglöchern und Müll aus, bis wir vor dem vierstöckigen Gebäude standen. Zwei abgemagerte Hunde schliefen am Eingang. Zu kraftlos, um anzugreifen, dachte ich und drückte beherzt die Klingel. Patricia, blass wie die Hauswand, sagte kein Wort und vermied den Blick in Richtung des einbeinigen Mannes, der gegenüber auf der Straße lag.

Sie war an das Elend nicht gewöhnt. Über uns ein Kopf in einem Fenster.

»Olá! Welche Überraschung!«

Umarmungen, Lächeln, Händeschütteln.

»Kommt rein. Setzt Euch. Habt ihr Hunger? Simão, lauf schnell zu Tante Maria. Die wird sich freuen.«

Weitere Männer, Frauen, Kinder kamen. Mein Halbbruder nicht, der war nach Fogo gegangen. Irgendwann würde ich auch ihn kennenlernen.

»Já m'fká content d'oiá bsot.«

Küsschen, Brausewasser, Gebäck. Es roch nach Frigi und Fisch. Patricia, am Resopaltisch zwischen einer Frau mit gütigen Augen und zwei zierlichen Mädchen, schwieg, weil sie die Worte so wenig verstand wie die Gebräuche. Nach den ersten Minuten machte die Schüchternheit der Neugierde Platz und es wurde munter durcheinandergeplappert, die Augen immer wieder auf Patricia geheftet, die exotische, ferne Verwandte mit der saharafarbenen Haut, den ozeanblauen Augen und dem goldenen Stoppelhaar. Und dann musste Ruben zur Probe.

»Kommt doch mit. Das gefällt euch sicher«, sagte er und schlüpfte in seine Turnschuhe. Dasselbe Zeremoniell, nur anders herum. *Bijim*, Küsschen … So unauffällig wie möglich stellte ich die Tüte mit den Lebensmitteln im Hausflur ab und folgte den beiden, die schon zur Tür hinaus waren und die Treppen hinunterliefen. Draußen ein noch dunkleres Grau. Kein Lichtblick. Der Mann an derselben Stelle, wie tot.

»Bolu. Er schläft seinen Rausch aus«, erklärte Ruben.

Auf dem Weg in die Industriezone, wo die baufällige Lagerhalle als Proberaum diente, sprach er Französisch. Perfekt. Als Guide beherrschte er sogar ein paar Brocken Deutsch. Patricias Augen, funkelhell in all dem Grau, zogen ihn an wie eine Blüte die hungrige Biene.

Musik. Samba. Durchdringend. Noch bevor Ruben die Türe aufzog, hatte der Rhythmus uns erfasst. Ein Knistern in der Blutbahn. Beim Anblick der Tanzenden dann Millionen feinster Stromstöße. Ich kannte diese energiegeladene Stimmung bereits von kapverdischen Festen und den fröhlichen Coladeras. Es muss am Erbe der Menschheit liegen, dass der Körper sich mit dem Takt verbindet, die Füße zu wippen beginnen, die Arme und Beine auch und manchmal selbst der Kopf, als ob man an nervösen Zuckungen leide. Diesem Urinstinkt war man auf diesem Breitengrad vermutlich näher, überlegte ich, denn die Trommeln und herumwirbelnden Tänzer, akrobatisch und biegsam, exakt aufeinander abgestimmt, übertrafen alles, was ich bislang erlebt hatte. Die gesamte Fläche des Raums war schwer auszumachen. Er wurde von dreißig bis vierzig

Paaren gefüllt. Dicht vor uns Vollschlanke älteren Jahrgangs. Einige Frauen trugen afrikanisch bunte Kleider, manche Hotpants und neonfarbene Tops, andere Jeans und knappe Shirts. Rechts an der Bretterwand lehnten ein paar schlaksige Männer und Mädchen in Minis und Highheels und musterten uns. Ruben ging auf die Gruppe zu, sagte irgendetwas und gestikulierte, bevor er zurückkam und Patricia auf die Tanzfläche zog. Die Augen und der Körper meiner Tochter dabei wenig synchron. Sie schaute mit diesem *lieber nicht*-Blick und folgte Rubens Schritt ohne jeden Widerstand. Geschmeidig. Zuerst zaghaft, dann erstaunlich schnell, federte sie aus Fußgelenken und Knien und ließ ihr Becken kreisen. Er baute Drehungen ein, und ich sah ihr Lachen. Lauter Gummipuppen, dachte ich und zuckte zusammen, als etwas Warmes meine Hand ergriff. Einer der Männer hatte sich von rechts genähert, und ehe ich mich versah, war ich zwischen den Tanzenden. Diesem Spiel der Körper mit ihrem Ausdruck der Leidenschaft hatte ich mich meistens entzogen. »Sexistisch! Dazu die freizügigen Kostüme, die die Körperformen betonen. Als emanzipierte Frau ganz und gar unmöglich«, hätte ich früher gesagt, meilenweit von dieser Kultur entfernt. Anstand und Scham saßen tief, als ob Erotik etwas Schlechtes wäre, gefährlich wie eine ansteckende Krankheit. Ich fühlte mich unbehaglich, hin- und hergerissen zwischen der Lust an der Bewegung und der möglichen Blamage. Dabei sah niemand, wie mein Tanzpartner geduldig den Grundschritt trippelte. Um uns herum hüfteschwiegende Menschen, die sich abstießen und anschmiegten, ähnlich dem Tango Argentino oder Tango Nuevo. Faszinierend. Ich weiß nicht, wie lange wir uns in flottem Tempo bewegten. Jedenfalls so lange, dass ich irgendwann keine Luft mehr bekam. Trotz des Seitenstechens und der glühenden Füße in den Sandalen fühlte ich mich beschwingt und glücklich, beinahe wie ein Teenager. Patricia, mit hochrotem Wangen und feuchten Perlen auf der Stirn, strahlte ebenfalls. Es schien, als ob sie sich in mehr als in diesen Tanz verliebt hätte.

Noch in derselben Nacht sprudelten die Ideen, wie das warme Bier, das zur Hälfte auf dem Boden der Pension landete.

»Tanz als interkulturelle Brücke«, sagte sie eifrig, während sie mit dem Handtuch den Schaum aufwischte, »das ist es.«

Sie hatte Recht. Musik spielt eine der wichtigsten Rollen im Leben der Einheimischen. Und die Menschen, die hierherkommen, möchten etwas mitnehmen von dieser Kultur.

»Lasst die Körper sprechen«, gab ich zum Besten und schüttelte den Kopf über den blödsinnigen Einfall, denn das konnte falsch verstanden werden, wir wollten ja kein Bordell aufmachen.

»Gründe eine seriöse Tanzschule«, meinte Patricia.

»Ruben und seine Freunde hätten eine zusätzliche Geldquelle. Das Touristenaufkommen wächst und mit ihm die Suche nach Angeboten.«

Sie lag auf dem Bett und dachte nach.

»Ich kenne einen Werbetexter. Fragen kostet nichts«, sagte sie und in diesem Moment wurde mir bewusst, dass wir unsere eigene Brücke gefunden hatten.

Sie drehte sich auf den Bauch und sah mich an.

»Du musst das in die Hand nehmen. Kennst Du die Musik- und Tanzstile?«

»Ein paar. Melancholisch poetisch sind der *Fado* und die *Morna*. Dann gibt es *Batuku, Funaná* … Ich werde mich schlaumachen.«

»Ganz schön viele Richtungen«, meinte sie.

»Du solltest den Karneval mal erleben. Am Sonntag beispielsweise ziehen die Mandingas durch die Straßen.«

Sie zog die Augenbrauen hoch.

»Das entstand aus der Suche nach Identität. Die Einheimischen sind nicht stolz auf das Afrika der grausamen Bürgerkriege, der Vergewaltigungen, der Korruption und der systematischen Ausbeutung. Aber unter dem portugiesischen Joch war die Praktizierung des afrikanischen Erbes gänzlich verboten. Deshalb trommeln sie die Erinnerungen wach, auf alten Ölfässern, Büchsen, Plastikeimern, mit Keulen und Speeren bewaffnet, in Baströcken und pechschwarzen Körpern, die sie mit Motorenöl gefärbt haben.«

»Ja. Die Sache mit der Herkunft«, sagte sie gähnend, bevor sie mir den Rücken zudrehte und einschlief.

Und dann ging sie weg, und die Idee stand im Raum. Präsent. So stark, dass ich diesen und jenen und schließlich den Bürgermeister aufsuchte.

»Bitte sehr«, sagte er und bat mich mit einer galanten Handbewegung in seine Amtsstube.

Ich hatte keine fünf Minuten gewartet.

»Nehmen Sie Platz. Was kann ich für Sie tun?«

Schmunzelnd lauschte er meinem Anliegen und blickte einmal auf diese und dann auf die andere Seite. Er hat eine politische Karriere vor sich, dachte ich. Die unkonventionelle, staatsmännische Ausstrahlung eines Barack Obama würde ihm nützen. Mit einem Ausdruck von: *Einfälle haben diese Ausländer* sah er mir ins Gesicht.

»Gleich hier nebenan. Das Flachdach der Schule ist gefliest. Über den Mietpreis muss ich mir noch Gedanken machen.«

Mit dem Elan eines Sportlers vor dem Start erhob er sich von seinem Stuhl, ging mit ausladendem Schritt um den Schreibtisch herum, der in jedem deutschen Durchschnittskinderzimmer stehen könnte, und schüttelte meine Hand, als ob wir einen Pakt besiegelt hätten. Sympathisch, dieser junge athletische Mann, der in einem einfachen Raum mit dem Bild des Präsidenten als einzigem Wandschmuck, seine Bürger empfing. Bereits das karge Vorzimmer des kleinen Rathauses schlummerte noch im Dunst der sozialistischen Zeiten. Einmal pro Monat besuchte ich dort Senhora Maria Rosa Florantes, die meinen Wasserverbrauch berechnete und stets einen Scherz auf den Lippen hatte, während ich meine Escudos auf den Tresen zählte. Drei Tage nach dem Gespräch schwebten dann die Mietkosten im Raum.

»Zweitausend Escudos pro Monat.«

»Einverstanden. Muito obrigada.«

Händeschütteln.

Die Dachterrasse war so groß wie ein halbes Fußballfeld und weder von der Straße noch vom Schulhof aus wegen der Brüstungsmauer einsehbar. Die Musikanlage samt Boxen hatte ein Cousin von Ruben organisiert, die Handzettel waren dank einer Kinderschar in den lokalen Beherbergungsbetrieben verteilt, das Pappschild mit der fetten Aufschrift *Vamos Samba* am Geländer befestigt. Jeden Freitag und Samstagabend um halb neun sollte der Kurs stattfinden, im Anschluss an die jeweiligen Abendmenüs.

Freitag. 18 Uhr. Jorge und Marisa vor der Tür. Wie aus einem Werbefilm für Sambatänzer. Sie in Schwarz mit lila-, rot- und orangefarbenen Rüschen am tiefen Ausschnitt und am Saum des asymmetrisch geschnittenen Kleids. Um die schmale Taille ein breites Band derselben Farben. In der Hand die Tanzschuhe mit feinen Riemchen und goldenen Pailletten. Die Füße in Flip Flops. Er in hautenger schwarzer Hose, Hemd mit gelben Rüschen über Brust und Handgelenk und Schärpe in knalligem Orangerot. Ein Muster im kurz geschnittenen Haar. Bezaubernd. Die beiden strahlten wie kurz nach einem Millionengewinn im Lotto. Marisa hatte sicher für das Glätten, Wickeln, Legen ihrer Haare, das Lackieren der Nägel und das Schminken ihres schönen Gesichts Tage zugebracht. Glücklicherweise war es Juli. Kein Regen in Sicht, der die Haarpracht in einen Afrolook verwandelt hätte, der mir viel besser gefiel.

Ein Foto. Für Patricia. Zement für unsere Brücke.

19 Uhr. Sound- und Lichtcheck. Scheinwerfer und bunte Glühbirnen aus der Zauberkiste irgendeines Neffen. Verlängerungskabel notdürftig verlegt.

20 Uhr. Pulsierende Spannung. Eifriges Werkeln. Nervöses Gekicher.

20.30 Uhr. Dunkle Köpfe auf der Treppe. Schaulustige. Einheimische. Ratlose Blicke.

20.40 Uhr. Hellrote Haare um ein sommersprossiges Gesicht.

»Bon soir.«

Eine Touristin, Anfang fünfzig, in Sandalen und wadenlangem Trägerkleid. Es sollte die erste und die letzte sein. An diesem Abend.

Die Enttäuschung lähmte mich wie zähe Melasse, denn ich hatte vergessen, dass hierzulande Improvisationstalent und positives Denken genetisch verankert sind. Ruben straffte seinen Körper, trat ans Mikrofon, verneigte sich galant und sprach sein »Bemvindo« so, als lauschten ihm hundert Menschen. Ich drückte meine Daumen, bis sie schmerzten, und flüsterte »txeu felix – viel Glück«. Auf sein Zeichen hin erklangen die ersten Töne eines feurigen Sambas. Jorge und Marisa schritten erhobenen Hauptes elegant in die Mitte der Terrasse und bewegten sich rhythmisch, mit raffinierten Dreheinlagen über die Fläche, als gelte es, einen Wettbewerb lateinamerikanischer Tänze zu gewinnen. Die Körper in Harmonie mit dem Partner und sich selbst. Dunkel schimmernde Haut, kraftvolle, anmutige Bewegungen, das, worum sie von Leuten beneidet werden, die sich in der Sonne bräunen und im entscheidenden Moment von ihnen distanzieren. Gerechter Ausgleich, dachte ich und zuckte vor Schreck zusammen. Ein Donnergrollen entlud sich über der Treppe, wie bei einem Gewitter. Ich drehte den Hals, sah die Begeisterung, die aus den Gesichtern sprang, und fragte Ruben mit überdeutlichen Handbewegungen und Achselzucken, ob ich die Absperrung öffnen dürfe. Er nickte, während er mit dem Mikro in der Hand auf die Französin zuging.

»Das ist Samba. Ich zeige nun die Grundschritte. Aber zuvor werde ich die *Enredo* unserer Gruppe verkünden«, dabei verbeugte er sich vor dem Publikum, »unser Motto für den nächsten Karneval heißt: *Die Welt im Wandel.«*

Mitten hinein in den Jubel der Menschen, die sich entlang der Brüstung rund um die Fläche verteilten, rief Ruben, der das Zeug für einen Showstar hätte, »ein paar Erklärungen für die ausländischen Gäste in französischer Sprache.«

Die Menge klatschte, als gelte ihnen die Ansprache, vielleicht vor Freude und Stolz.

»Die vier größten Sambaschulen Mindelos konkurrieren am Karnevalsdienstag beim großen Umzug. Jede hat ein eigenes Thema. Und danach richtet sich die gesamte Inszenierung.«

Es war so still, dass man ein Blatt vom Gummibaum nebenan hätte fallen hören.

»Die Kostüme, die Motivwagen, die Tanzchoreographie. Auch das Sambalied wird stets neu komponiert.«

Rubens Zähne blitzen im flackernden Scheinwerferlicht wie Diamanten.

»Die größte Sambaschule hat tausendzweihundert Darsteller und vierzig Trommler. Die Darbietungen bekommen Preise. Fünftausend Euro für die beste Gesamtshow. Die Kostüme sind teuer. Das Kostüm der Königin kostet über tausend Euro.«

Er blickte zu Marisa, die neben ihm stand und lächelte, ohne ein Wort zu verstehen.

»Marisa. Meine Cousine. Sie ist seit drei Jahren dabei.«

Er neigte wieder den Kopf in Richtung Brust und deutete mit dem Arm eine ehrerbietende Geste an. Das Wort »Marisa« und die Verneigung genügten. Applaus. Pfiffe. Jubel. Ruben legte das Mikro auf die Mauer, richtete den Blick auf die französische Touristin und trat vor sie hin. Mit unsicherem Lächeln, *Soll ich wirklich?*, folgte sie ihm in die Mitte der Terrasse. Auf sein Handzeichen hin setzte die Musik ein. Laut, als wolle man den letzten Winkel des Dorfes beschallen. Sechzig Augenpaare verfolgten das, was sie gelernt hatten, nachdem ihre Füße sie trugen. Schauen, imitieren, dem Rhythmus folgen. Die Worte, die Ruben sprach, »one-a-two« und »slow-quick-quick«, hatte hier noch niemand je zuvor gehört. Sie lauschten dem gemäßigten Samba. Langsam begannen sich ihre Hüften, Arme und Beine zu bewegen. Das erste Lied war noch nicht zu Ende, und die Tanzfläche hatte sich gefüllt. Irgendwann war ich mittendrin. Die wundersame Verwandlung zäher Melasse in reine Energie.

Am nächsten Abend dasselbe Vorspiel mit anderem Nachklang. Der Lohn des Enthusiasmus. Zur Französin vom Vortag gesellten sich weitere Gäste. Vier Frauen und drei Männer aus Frankreich und ein deutsches Paar, allesamt neugierig auf das Spektakel, von dem das ganze Dorf sprach. Jorge, durch Rundumbetreuung seiner Gäste zu beschäftigt für Besuche, ließ ausrichten: »nächste Woche die doppelte Zahl«.

Erleichterung. Meine Angst, die Idee könnte als Konkurrenz zu anderen Angeboten gesehen werden, völlig unbegründet. Weshalb nur wurde ich sie nicht los, diese ureigene Furcht nicht anerkannt, abgelehnt, schlimmer noch, gehasst zu werden? *Kkkk.*

»Ein Erfolg!«

Ruben und Marisa im Glück. Sie hatten so wenig wie ich damit gerechnet. Die Ausgaben für Tanzfläche, Technik und Spesen waren gering. Übernachtungskosten fielen keine an.

»Cool, wenn man Verwandte und Freunde im Dorf hat«, grinste Ruben, als ich die Einnahmen auf den Tisch blätterte.

Wir würden tatsächlich Gewinne erzielen, die über das Zwischenmenschliche hinausgingen.

»Se deus quizer«, fügte Marisa hinzu, denn Gottes Segen gehörte dazu.

Immer.

8

Geschmacksache

Eins kam zum anderen. Nachdem die Tanzschule zu einer festen Einrichtung wurde, Ruben und Marisa selbstständig agierten, tauchte eine neue Frage auf.

»Was machen wir gegen die Hitze?«

Ruben stöhnte unter der Wärme, die im August zwar normal, aber deshalb nicht weniger belastend war. Selbst nach ihrem allabendlichen Verschwinden über dem Meer hinterließ die Sonne ihre Strahlkraft. Das Lavagestein, der Sand glühten nach.

»Das nutzen wir«, sagte ich.

»Traumwetter, nach dem die Europäer sich sehnen.«

Hinter der Schule bot ein großes Wasserbecken in den Gärten Erfrischung.

»Poolparty. Mit Getränken und heimischen Früchten nach der Tanzstunde.«

Mit diesem Einfall fing es an. Ich bat Monica, gleich,

nachdem sie am Montagmorgen eingetroffen war, nach Obstlieferanten Ausschau zu halten.

»Mach ich«, sagte sie und war weg.

Gegen drei tauchte sie mit Schweiß auf der Stirn und Stolz in den Augen wieder auf.

»Hab zwei Bauern in den Bergen gefunden, die könnten etwas liefern.«

Tags darauf, um halb sechs in der Frühe, stolperte ich über einen Sack vor der Türe. Papayas. Geschätzt fünfzig Riesenfrüchte. Daneben eine Staude Bananen. Gezählt siebzig Stück. Der erste Schweißausbruch an diesem Tag vor Schreck. Was in aller Welt sollte ich mit dieser Menge machen? Bis Freitag wäre alles verfault. Ich zerrte den Sack hinein und die Staude, die nicht durch den Türrahmen wollte, wusch mir rasch die Hände und rannte im Laufschritt den Pfad hinab, um den *Aluguer* nicht zu verpassen. Die Verabredung mit Esther Lindberg um elf im *Casa branca* wäre sonst geplatzt.

»Meine Liebe. Würden Sie mir behilflich sein und übersetzen? Der Laden mit den Stoffen. Die Besitzerin versteht mich nicht. Es eilt ein wenig. Mittwoch wartet Johannesburg.«

Nach weiteren drei Minuten des Gesprächs war alles gesagt. Sie brauchte Rat und Kontakte.

»Das lasse ich mir gerne etwas kosten.«

Und ich brauchte das Geld.

»Gerne. Stets zu Diensten.«

Beiden war geholfen, wenn ich die Fähre nicht verpasste.

Auf Höhe der ersten Häuser passierte es. Die Ledersohlen meiner Sandalen rutschen weg und ich landete auf der Erde. Beinahe an der derselben Stelle wie schon einmal. Unweit der Behausung von Senhor Pena. Das Steißbein und der ganze Rücken taten weh. Ich rappelte mich auf und sah die Bescherung. Das cremefarbene Seidenkleid aus einer Münchner Boutique schmutzig wie ein Putzlappen. An der Naht ein Riss. Die weiße Stofftasche mit rotbraunem Staub verziert. Wasser stieg in meine Augen. Was für ein Tag. Die Armbanduhr zeigte Viertel vor sechs. Fünfzehn Minuten bis zur Abfahrt in der Dorfmitte. Den sandigen Weg hinauf, ins Badezimmer, das nächstbeste Kleid aus dem Schrank, die Tasche getauscht, die Sneaker mit Profilsohlen an die Füße und wieder den Berg hinab. Die Konzentration auf die Abläufe verdrängte Schmerz und Wut.

Außer Atem kam ich zehn nach sechs auf dem Dorfplatz an. Djons Auto war nirgendwo zu sehen. Eine Gruppe von Menschen saß auf der kleinen Mauer, die einen Baum umschloss. Einer stand auf und kam auf mich zu.

»Pombe kommt gleich.«

»Wie?«

»Willst Du in die Stadt?«

Was sonst?, dachte ich und fragte: »Woher weißt Du?«

»Djon musste los. Touristen. Pombe fährt.«

Ich dachte an meine Tochter. *Einer der Gründe, weshalb ich mich hier wohlfühle, Patricia. Es gibt immer eine Lösung.* Vielleicht flogen meine Gedanken ja über den Ozean und erreichten sie in ihren Träumen. Wenn man fest daran glaubt … Ein Auto brauste heran. Ein Toyota Hilux. Einst rot. Jetzt blassrosa. Mit dem geübten Blick eines häufigen Fahrgasts erkannte ich meine Chance auf einen Platz im Innern des Wagens. Auf dem Beifahrersitz eine Frau, doppelt so breit wie der Fahrer. Hinten drei Köpfe. Auf der Laderampe eine Ziege, Erntesäcke und Plastiktornister. Ich öffnete die Türe, grüßte: »Bom dia, bom dia«, und quetschte mich neben eine junge Frau, die weder ihren Blick vom Rückspiegel noch ihr Hinterteil von der Stelle nahm. Kein erfreulicher Anblick. Drei Kleinkinder auf dem Schoß ihrer Mütter und allerlei Getäsch im Fußraum. Hübsch herausgeputzt in einer klebrigen Duftwolke aus Penatenpuder, Kokosöl, Windeln und Parfüm. Heute war Dienstag, das hatte ich nicht bedacht, als wir das Treffen vereinbart hatten. Dienstage sind schlechte Tage für die Fahrten mit den Sammeltaxis. Vorsorgeuntersuchungen in der Stadt mit anschließenden Besuchen bei Verwandten. Nicht, dass ich etwas gegen Babys hätte und schon gar nichts gegen Prävention, nur gegen harte Kinderschuhe und Schnallen an meinem Knie und Oberschenkel, je nachdem wie resistent die Mütter der strampelwütigen Kleinen sind. Der Tag der Schweißausbrüche nahm seinen Lauf. Zehn nach acht erreichten wir schließlich Porto Novo, wegen der zahlreichen notgedrungenen Stopps des Kindertransporters, denn Pombe war umsichtig. Er vermied halbverdauten Babybrei auf Polstersitzen. Die Fähre lag bereits im Hafen. Keine Zeit mehr für Cachupa und Kaffee, was mir an diesem Morgen sowieso nicht bekommen wäre.

Erstaunlich, die Menge an Rucksacktouristen im Sommer, dachte ich auf der Suche nach einem schattigen Platz auf dem Oberdeck. Von hier aus hatte man die beste Aussicht, und die Seeluft würde den Dieselgestank bald ablösen, der die Menschen in einen nebelgrauen Schleier hüllte. Eine Besonderheit auf diesem Schiff war, dass es neben weißen Polyesterbänken auch Plastikstühle mit Armlehnen gab. Entlang der Reling befestigt machten sie einen solideren Eindruck als die rostigen Rettungsboote, die im Notfall so wenig nützen würden wie die Schwimmringe aus dem vorigen

Jahrhundert. Ich setzte mich auf einen der drei freien Plätze. Tuchfühlung ausgeschlossen. Dann begann das Schiff zu vibrieren. Der Auftakt zum einstündigen Tanz über die Wellen. Heute ein ruhiges Auf und Ab und Hin und Her, im Rhythmus des tiefblauen Ozeans. Im Schutz der Sonnengläser ließ ich den Blick über die Gruppe Jugendlicher gleiten, die sich gegenüber postiert hatte. Gelächter, Musik aus dem Ghettoblaster, das Zeichen dafür, dass der Atlantik heute zahm war und die weitverbreitete Seekrankheit nicht auszubrechen drohte. Von rechts näherte sich ein gepflegt aussehender, weißhaariger Herr mit Strohhut, den er zum Gruß lüftete, eine Geste, die mir zuletzt in einem bayerischen Heimatfilm begegnet war. Ich lächelte ihn an und spürte meinen Vorsatz im Genick *Liebkindsein war gestern*. Rasch beugte ich mich über die Tasche, kramte darin herum und nahm das Smartphone heraus. Das Zeichen *ansprechen zwecklos*. Er ging vorüber. Aus dem Augenwinkel beobachtete ich seinen ziellosen Rundgang. An irgendjemanden erinnerte er mich. Es gibt ja diese frappierenden Ähnlichkeiten von Menschen, die immer wieder erstaunen. Schräg gegenüber blieb er stehen und blickte aufs Meer, minutenlang, bevor er auf der Bank Platz nahm. Theodor Langhans. Mein früherer Geschichtslehrer. Diese Haltung. Kerzengerade, die Ledertasche auf den parallel gestellten, dünnen Beinen. Die Füße in weißen Socken und braunen halbgeschlossenen Opa-Sandalen. Dieselbe Physiognomie, die eingefallenen Wangen, die dünnen Lippen, das kantige Kinn. Steif, ein Leben lang. Vielleicht der kleine Bruder von Theodor Langhans, der damals, lange vor seiner Pensionierung, schon aussah wie ein Rentner, zumindest in unseren Augen. Theodor Langhans, Zielscheibe dummer Kinderwitze, schon wegen seines Namens. Die unbeschwerte Schulzeit flackerte auf, ganz kurz nur, bevor ich ihn vergaß.

Ein warmer Fahrtwind streichelte meinen Körper. Ich löste die Schnürsenkel, schlüpfte aus den Schuhen, lehnte mich zurück und schloss die Augen. Das vertraute *tschschsch*, wenn das Boot in ein Wellental tauchte. Der Ghettoblaster hatte zum Glück den Standort gewechselt. Salz in der Nase. Gemurmel von weit her. Und dieses sanfte Schaukeln, das ich so liebe. Die Wiege im weiten Meer.

Mit einem Ruck legte die betagte Fähre an, ließ mit einem metallischen Ächzen ihre Rampe herunter und die Fahrzeuge aus dem Bauch. Gestank nach Benzin und Altöl waberte durch die Luft. Ich spürte den Schmerz im Rücken. Blaue Flecken, vielleicht noch mehr. Auf der Brille ein feiner Film. Mit dem Saum des Kleids wischte ich darüber und zog die Schuhe an. Ohne Eile. Ich ließ mir Zeit und vermied den Blick auf die Containerschiffe, den alten Kohlehafen, das Trockendock. Ein beklemmendes Gefühl wie auf einem Friedhof. Rechts schaukelten sanft die Yachten. Noch schlimmer. Ich beobachtete einen Fischerkahn auf seinem Beutezug. Dann fiel mein Blick auf die Bank gegenüber. Langhans war weg. Auf dem plastikrasengrünen Boden lag ein flaches, braunes Päckchen. Ich sah mich um. Die Treppe war leer. Die meisten Passagiere hatten das Schiff bereits verlassen. Ich ging zu dem Päckchen, das sich als dickes DIN-A4-Kuvert entpuppte, und hob es auf. Weder Adresse, noch Absender, nicht zugeklebt, ehrlich, sonst hätte ich nicht gleich hineingeschaut. Papiere, Zettel, ein kleiner Briefumschlag und ein gehäkeltes Etwas. Vielleicht ist er ja noch auf dem Hafenareal, dachte ich und eilte die Treppe hinab. Gewimmel. Tausend Menschen, aber nirgendwo ein hagerer Mann mit Strohhut.

Noch eine Stunde bis zu unserem Treffen. Ein kleines Frühstück im Zentrum vielleicht. Keinesfalls im *Pergola* und auch nicht im *Club Nautico.* Dafür war es noch zu früh. Ein Ort, wo man sitzen und die Menschen beobachten konnte, ohne der allgegenwärtigen Not direkt ins Auge blicken zu müssen. Beim ehemaligen Gouverneurspalast gab es ein nettes Café. Das hatte leider geschlossen, als ich mit Patricia nach unserer Besichtigungstour eine Pause einlegen wollte.

»Schau. Der rosarot gestrichene klassizistische Bau dort. Da tagten die Mächtigen dieses Archipels.«

Sie lachte über meine Worte mit Blick auf das Gebäude.

»Von unseren Staatsbauten weit entfernt. An jeder Ecke auf Hochglanz gebürsteter Filz.«

Wie sehr sie mir fehlt. Ich würde noch eine Ansichtskarte kaufen und dem Brief beilegen. Unweit des Postgebäudes war eine italienische Bar. Dorthin ging ich, nahm an einem der leeren Tische mit dem Rücken zur Hauswand Platz und bestellte Kaffee und Pastéis de Nata. Ich blickte mich um. Leute auf der Straße sprachen Bände. Hinter ihrem Aussehen, ihrem Gang, ihren Gebärden ließen sich Geschichten spinnen. Wo kamen sie her? Wo wollten sie hin? Was trieb sie an? Würden die beiden Damen, in ihren adretten Kostümen und Pumps, dem zerlumpten Alten auf der Parkbank helfen, wenn er bedroht würde? Oder die Jugendlichen, die Rap tanzend maskuline Power demonstrierten? Oder die Marktfrauen? Der Geschäftsmann im Anzug? Die Touristen? Oder ich? Was würde ich tun, wenn? Bevor ich ins Spiel der soziologischen Betrachtungen versinken konnte, zog ich mein altmodisches Notizbuch aus der Tasche und adressierte die beiden Briefe an meinen Nachwuchs. Regelmäßig bekamen sie nun Post von den Kapverden. Das Band zwischen Patricia und mir musste gepflegt werden, damit es nicht riss. Julian bekam eine lose Stoffsammlung. Ich schrieb und schrieb in der Hoffnung, dass er den Faden aufnehmen würde. Bislang kam nichts zurück. Aber auch meine Briefe nicht mit dem gefürchteten Aufdruck: *Annahme verweigert.*

Und dann war da dieses Kuvert. Ausnahmsweise windete es gerade nicht. Ich ließ den Inhalt auf den Tisch gleiten und schob alles zusammen, denn die Kellnerin stellte das Tablett mit dem duftenden Kaffee und den Pastéis vor mir ab. Die fettigen Süßteile klebten an der Serviette fest. Ich ließ sie möglichst rasch in meinem Mund verschwinden und wunderte mich einmal mehr, weshalb ich sie immer wieder bestellte. Schmierige Finger und ein saurer Magen waren stets das Ergebnis. Suchtstoffe. Serotonin. Der Kaffee schmeckte, wie ein italienischer Kaffee zu schmecken hat. Vorzüglich. Ich stellte das Tablett auf den freien Stuhl neben mir und betrachtete den Papierberg. Karierte Zettel, an den Seiten ausgefranst, aus einem Heft gerissen, mit Notizen darauf. Und ein gefaltetes Blatt Büttenpapier. Ein schnörkeliges Schriftbild, unsauber, mit durchgestrichenen Worten. Ein Entwurf vielleicht. Ich begann zu lesen.

Meine liebe Freundin, ich verlasse nun zufrieden und mit Wehmut Santo Antão. Die Inseln haben sich verändert in den vergange-

nen fünfzehn Jahren. Vieles hat sich entwickelt und ist auf einem guten Weg. Der Fortschritt geht erschreckend schnell voran, dennoch habe ich den Eindruck, dass hier die Zeit, die für mich nun bald abgelaufen ist, viel gemächlicher verläuft. Ich hinterlasse wundervolle Menschen, denen ich auch die Würze des Lebens verdanke. Deshalb anbei meine kleine Sammlung für Dich (den Tischläufer hat Maria Filomena gehäkelt). Auf meiner letzten Reise im Sauerland werde ich das nicht mehr brauchen. Wer weiß, was Gott sich ausgedacht hat, wieviel Zeit mir noch bleibt. Ich werde in Frieden gehen und im Bewusstsein eines erfüllten Lebens. Lebe wohl, Dein Liam

Wer war er, dieser Liam? Auf welcher Insel hatte er gelebt? Wer sollte diesen Abschiedsbrief bekommen? Ich hätte mit ihm sprechen sollen. In meinem Magen zwickte es. Die Pastéis oder der Tausendfüssler, den ich ganz vergessen hatte, so ruhig war er geworden. Auf den Schulheftseiten Aufschriebe. Namen fett und unterstrichen, darunter kurze Episoden. Auf der Rückseite Rezepte. *Cachupa rica, Couscous, Feijoada, Chutney aus Papaya, Bananen, Chili* … Der Sack voller Papayas fiel mir ein. Die Bananenstaude. Ich würde das alles verarbeiten. Vielleicht ein Zeichen. Weshalb fiel ausgerechnet mir dieses Kuvert in die Hände. Ich beschloss, Kopien zu machen und den Brief auf der Fähre beim Kapitän zu hinterlegen, samt Häkeldecke, von denen ganz ähnliche im hintersten Eck meines Küchenschranks lagen, weil ich selbstgemachte Geschenke rührend fand. Den Umschlag, adressiert an Liam, den Unbekannten, mit einer Notiz von mir. Vielleicht würde sein Plan sich ändern. Sein Leben eine Wendung erfahren. Auf einmal spürte ich, dass ich ihn mochte. Liam. Langhans.

Wir trafen beinahe zur selben Zeit aus unterschiedlichen Richtungen ein. Esther Lindberg stieg aus einem frisch gewienerten Taxi, während ich die erste Stufe des *Casa branca* betrat. Begrüßung vor dem Eingang. Küsschen. Ihr Parfum. Ein vertrauter Duft, gepaart mit dem Geruch nach Unruhe.

»Die Hitze. Unerträglich heute.«

Sie nahm die Sonnenbrille ab und strich sich durchs Haar, während wir an der Theke vorbeigingen und sie eine Flasche Wasser orderte. Am erstbesten Tisch im Restaurant nahmen wir Platz.

»Bauen ist kein Zuckerschlecken. Es klemmt überall.«

Der Stress hatte Spuren hinterlassen. Feuchte Halbmonde auf dem lindgrünen Etuikleid unter den Achseln. Der Lidstrich zerlaufen. Das Weiß ihrer Augen mit roten Äderchen durchsetzt. Die Falten der Mundwinkel kirschrot. Ein Sammelbecken des Lippenstifts. Die Maske des weinenden Clowns. Sie tat mir leid. Ich sprach tröstende Worte.

»Das Karussell läuft hier im Handbetrieb.«

Sie kniff den Mund zusammen, als ob sie Zahnschmerzen hätte.

»Achterbahn wäre mir lieber.«

Kaum dass der Kellner Gläser und Flasche abgestellt hatte, schenkte sie ein. Wir nahmen ein paar Schlucke in Windeseile und verließen das Hotel so rasch, wie wir gekommen waren. Mit dem Taxi durch den Mittagsverkehr zum Textilgeschäft, das um halb eins seine Pforten schloss. Vor dem Eingang kickten Schuljungen eine Blechdose über die Erde. Haarscharf an ihren Beinen vorbei. Sie erschrak und strauchelte. Instinktiv packte ich sie am Arm.

»Danke«, seufzte sie, und ich spürte an ihrem Blick, wie ernst sie es meinte.

Wir betraten den Laden. Auf hundert Quadratmetern eine Fülle von Stoffballen in allen Farben, Mustern, Strukturen. Viel und doch zu wenig. Nichts von dem, was wir suchten, war dabei.

»Polsterstoffe?«

Die Besitzerin des Ladens runzelte die Stirn über ihrer Hornbrille und deute mit dem Finger in die rechte Ecke des Raums über einen Tisch hinweg, an dem sich eine Gruppe Frauen laut schwatzend durch einen Berg von Blümchenstoffen wühlte.

»Unten.«

Wir reckten die Hälse und steuerten die unscheinbare Treppe an. Das Untergeschoss entpuppte sich als wahre Fundgrube. In einem Mailänder Geschäft hätten wir nicht mehr Auswahl an geschmackvollen, hochwertigen Stoffen italienischer Herkunft gehabt. Wenige Minuten nur brauchte Ester Lindberg für ihre Entscheidung.

»Den gelben nehmen wir für die Stühle. Und den grau gestreiften für das Sofa.«

Einigkeit auch über das weitere Prozedere.

»Ich kümmere mich um die Schreinerarbeiten«, versicherte ich.

»Wie schade, dass Sie mich nicht nach Südafrika begleiten.«

Diesen Wunsch teilte ich allerdings nicht. Lächeln, Küsschen und Winken am Taxi, das sie mitnahm in ihre ferne Welt.

Die Stadt versank im Mittagsschlaf. Ich trödelte im Schatten durch die Gassen und setzte mich auf eine Bank im Stadtpark. Über mir ein Dach aus hundert Vögeln, die in der Krone eines Baumes zeterten, bevor auch sie verstummten. Das Kuvert. Die Zettel. Eintauchen in die Geschichten fremder Menschen. Liam. Mit seiner krakeligen Schrift hatte er festgehalten, was ihn bewegte. Kein Tagebuch, eher Betrachtungen über Liebe, Verlust, Leidenschaft.

… ich frage mich immer wieder, wann es anfing. Wann setzte

die Veränderung ein? Vielleicht nach dem Besuch in der Staatsoper. Als Du sagtest, dass Dir etwas fehlt und ich lachte. War es das? Du warst verändert an jenem Abend. In unserem Hotelbett zuckte Deine Haut unter meiner Berührung zurück. Ich spürte die Kälte zwischen uns und sagte nichts … viel zu lange geschwiegen, oder weggelacht …

Auf einem anderen Blatt stand: *Wenn eine Frau einen Mann kennenlernt, denkt sie: Hoffentlich verändert er sich noch. Wenn ein Mann eine Frau kennenlernt, denkt er: Hoffentlich bleibt sie so.*

Die blaue Tinte der Rückseite schimmerte durch. Dort ein Rezept, darüber unterstrichen *Couscous.* Vielleicht ein tröstliches Gericht. Vorne auf dem *hoffentlich* ein Fleck, hinten auf dem *Zucker. Hoffentlich Zucker.* Das Papier an dieser Stelle gewellt. Eine Träne oder Fett. Den Zutaten nach könnte es sich um den Kuchen handeln, den Lorina irgendwann gebacken hatte. Ich konnte ihn beinahe riechen, so intensiv duftete er nach Zimt, dabei hatte ich unter *Couscous* etwas völlig anderes erwartet, den nordafrikanischen Eintopf mit Hirse, Gemüse und Fleisch manchmal auch mit Hartweizengrieß, jedenfalls herzhaft. *Couscous*, ein süßer Hoffnungsträger für Liam.

Dachte Wolfram ähnlich? Womöglich suchen viele Männer die Urfassung ihrer Frauen, indem sie jüngere Exemplare ihrer Geliebten erobern, weil die gemeinsame Zeit ihnen noch nichts anhaben konnte. Die Zeit zurück auf Anfang gestellt. Neues Spiel, neues Glück. Unbeschwert, stürmisch und voller Sehnsucht nacheinander. So wie wir vor hundert Jahren. Verliebte, die ihre Seelen und Körper ergründen, berühren, spüren und auf Wolken über Steine schweben. Lange bevor man dann gesättigt auf dem Parkett des Alltags landet. Nicht auf einen Schlag, sondern so sanft, dass man es beinahe nicht bemerkt. *Ein gutes Team, das prima funktioniert. Ein Vorzeigepaar. Perfekt. Beinahe.*

Wären die Betrügereien nicht passiert, die heimlichen Geldgeschäfte, dieser Vertrauensmissbrauch, galanter ausgedrückt sein Kalkül und seine wachsende Gier in jeglicher Hinsicht, hätten wir eine Chance gehabt. Die Affäre mit der jungen Frau hätte ich ihm sogar verziehen, meine Besitzansprüche gründlich überdacht, weil Eifersucht keine Lösung ist, wenn man liebt. Wenn man liebt, wäre …

Aber Konjunktive sind weder ein guter Schluss, noch ein guter Anfang.

Also den Block aus der Tasche. In dem unscheinbaren Schreibwarenladen nahe der Post gab es neben Briefmarken und Postkarten allerlei Nützliches. *Chutney* malte ich fett auf das erste Blatt und dachte über originelle Zutaten nach, als müdes Schlurfen sich näherte. Eine

Marktfrau. Aufrecht, mit bunt bedruckten Tüchern um die wiegenden Hüften. Die breiten Füße in Plastiklatschen. Einen Zentner Sorgen auf dem Kopf. Auf mein Zeichen hin fasste sie den Korb mit beiden Händen und stellte ihn auf der Erde ab. Um jeweils ein Dutzend Zitronen und Orangen erleichtert, setzte sie ihren Weg fort. Zitrusfrüchte würden die Bananen und die Papayas ergänzen. Aus Langeweile kritzelte ich weitere Ideen aufs Papier, denn die Zeit zog so gemächlich vorüber wie die Kellnerin in der schummerigen Bar anschließend. Selbst die Fähre kam nicht vom Fleck. Alles träge an diesem Abend, außer meinem Elan. Der Fahrer machte ein Gesicht wie bei einem unanständigen Witz, als ich von *A* nach *B* wollte, um in irgendeinem Geschäft Einmachgläser und diverse Gewürze zu finden.

»Bitte Djon, nochmals kurz zurück. Ich brauch das dringend.«

Man konnte sehen, was er dachte. *Wozu einkochen? Die spinnen, die Europäer.* Keine einheimische Frau wäre jemals auf solche Ideen gekommen. Ich dachte an Lorina, als es darum ging, der Tomaten Herr zu werden. Jeder Zweite im Dorf schien Tomaten anzubauen und wegen der Aussicht auf Ertrag nicht die kleinen schmackhaften, sondern die großen wässrigen. Und jeder wollte sie Gewinn bringend an den Mann, in diesem Fall an die Frau verkaufen. Tomatenberge in der Küche.

»Lebensmittel schmeißt man nicht weg«, stoppte ich Lorinas Griff zum Schweinetrog und ertappte mich dabei, den Spruch meiner Mutter wiederzugeben, in derselben Tonlage.

»Das kannst Du niemals alles essen. Denk an die Schweine.«

Derart gestaltete sich unser kultureller Konflikt und der Beginn meiner fragwürdigen Karriere als Köchin.

Mein Tatendrang muss auf der Strecke verloren gegangen sein. Beim Anblick der Riesenmenge an Früchten am Abend wurde mir übel. Der Raum roch wie eine Markthalle. Auch Starköche haben einmal klein angefangen, sprach ich mir Mut zu. Ich würde nicht mal als Souschef beginnen, vielmehr als Hilfskraft und das als schlechte, wie sich bald herausstellen würde. Die Nacht hatte den Tag bereits abgelöst, als ich nach dem kurzen Spaziergang mit den Hunden in Schürze und mit scharfem Messer am Küchentisch stand. Miles Davis, mein tröstlicher Begleiter, vertrieb Jule und Zappa, die Jazz so wenig mochten wie Früchte. Papaya entkernen und schälen. Dann Bananenfleisch, Zitronen, Orangen samt Schalen klein hacken, Chili, Zucker, Wasser dazugeben und alles zusammen kochen, das konnte nicht allzu schwierig sein. Um es kurz zu machen, es misslang. Angebrannt. Zu dunkel, um als Karamell durchzugehen.

Es schmeckte schauderhaft. Schweinekübel. Scheuerpulver. Zweiter Versuch, mehr Wasser dazu. Nachdem der Boden des Topfes wieder sichtbar geworden war, das Ganze von vorne. Nach einer Stunde Kochzeit mit häufigem Rühren sah es passabel aus. Ich pustete auf die Masse und kostete. Meine Zunge, die Kehle, alles brannte. Feuer im Mund. Zuviel Chilis für die Schweine, ab ins WC. Dritter Versuch nach der vierten CD und mit einem anderen Mischungsverhältnis auf dem Löffel. Schal und langweilig. Wie Kuchen ohne Zucker. Mein Ehrgeiz kämpfte gegen die Müdigkeit und Patricias Worte: *Du kannst es einfach nicht.* Ein allerletzter Versuch. Zitronengras und Zimt dazu, etwas Nelken und Kardamom. Es duftete wie in einer indischen Küche. Und schmeckte unglaublich. Einen Hauch mehr Gewürz vielleicht noch. Die Leidenschaft der Köche muss ansteckend sein. Dieser ominöse Virus hatte mich gepackt. Ich füllte die Masse in Gläser, schloss sechzehn Deckel und betrachtete zufrieden den Küchentisch. Gut ein Drittel der Menge war konserviert. In dieser Nacht träumte ich von wachsenden Gemüsebergen und überquellenden Teigschüsseln.

Die Linie fehlt, dachte ich beim Blick aus dem Fenster über das weite Meer und rieb mir die Augen. Halb sieben. Barfuß tappte ich hinaus in den Garten. Vogelgezwitscher und Blütenduft in der warmen Luft. Ein harmonischer Morgen, an dem Himmel und Erde eins sind, weil keine horizontale Achse sie trennt. Einheitliches Blaugrau mit silbernen Nuancen. Ein naturalistischer Maler würde die Farben verschwimmen lassen und anschließend mit dem Pinselstrich Spannung erzeugen, die die Natur heute nicht nötig hat. Alles geht fließend ineinander über, dachte ich versonnen, als eine Brotfrucht mit lautem Knall dicht neben mir auf die Erde platschte. Aus der grünen Hülle quoll milchig weiße, klebrige Masse. Im Baum hingen weitere reife Früchte, groß wie Fußbälle. Verarbeiten. Essbare, wenn möglich schmackhafte Gerichte ausprobieren. So begann der neue Tag, wie der letzte endete.

»Oh *Deus*. Du musst sie einschneiden«, sagte Monica mit einem Tonfall, als ob sie ein lernfaules Kind tadelt, »sonst stinken sie.«

Sie schnappte eine Papaya und ritzte die Haut längs im Abstand von fünf Zentimetern ein. Dann wusch sie die Frucht unter fließend kaltem Wasser ab und legte sie unter ein Tuch.

»So geht das.«

Dann blieben ihre Haselnussaugen an der Platte auf dem Fenstersims hängen.

»Was ist das?«

»Papayakerne.«

»Wozu?«

»Enzyme in Reinform. Ich trockne sie. Ein Wundermittel nach fettem Essen.«

Sie schüttelte ihre Zöpfe und wendete sich dem schmutzigen Geschirr zu, während ich alle Kraft anwenden musste, eines der Gläser zu öffnen.

»Riech mal.«

Ich hielt ihr den Löffel unter die Nase. Der Geschmackstest fiel recht gut aus angesichts ihres skeptischen Blicks auf das *Chutney*.

»Geht.«

Sab wäre mir lieber gewesen, die Bezeichnung für gut. Oder *sabi* oder *sab sab*, die weiteren Steigerungsformen. *Geht* klang wie essbar. Immerhin, denn Monica fand auch Mangomarmelade sehr seltsam. Seit sie denken konnte, kochten die Frauen hier grün geraspelte Papayas mit viel Zucker. Zugegeben, dieses *Doce*, die Süßspeise, ergänzt den Ziegenkäse recht gut. Weshalb also etwas anderes ausprobieren? Reife Papayas mit Curry und Kokos, dazu Hühnerfleisch, was ich als Nächstes testen wollte, kam ihr noch merkwürdiger vor. Die Experimentierfreude hatte Grenzen. Und die wollte ich sprengen.

»Monica. Heute backen wir Bananenkuchen. Zum Mittagessen gibt's Papaya mit Zitronensaft, gebackene Banane, geröstete Erdnüsse und geräucherten Fisch.«

Stirnrunzeln. Sie bereute bereits, in die Berge gegangen zu sein, die eine Flut von Lebensmitteln ausgelöst hatte. Im Nu hatte sich rumgesprochen, dass die Deutsche alles brauchen kann, was aus regionalem Anbau stammt.

»Was isst Du eigentlich am liebsten?«

Ihr Mund wurde weich wie reifer Camembert, als sie aufzuzählen begann.

»Feijoada, Cachupa, Arroz, Peixe frito, Pastéis …«

Kannst Du das aufschreiben?«, unterbrach ich ihren Redefluss und erntete ratlos umherwandernde Augen.

»Ich meine die Zutaten«, erklärte ich.

In derselben Sekunde biss der Tausendfüßler in meinem Magen zu. Wer konnte überhaupt lesen und schreiben, außer der jungen Generation?

»Ich sammle Rezepte. Hab schon welche. Schau hier«, gab ich möglichst locker von mir und zeigte auf meine Zettelsammlung auf dem Tisch.

»Erzähl mir mal, wie Du Cachupa kochst.«

»Über dem offenen Feuer. Am besten im großen Topf.«

Ich nahm den Block und begann zu notieren. Danach wuschen, schälten, schnitten, hackten, rührten, brutzelten wir. Und am Abend, als es höchste Zeit für den Heimweg war, und sie ihren Zeigefinger genüsslich ableckte, der zuvor im Bananenteig gebadet hatte, kam ein »sabi di mas« über ihre Lippen.

Das größte Kompliment.

Am Freitag dann die Generalprobe. Marisa, Ruben und zwei Neffen als Vorkoster um fünf Uhr abends um den Tisch versammelt, der für die doppelte Anzahl geschreinert worden war. Ich servierte Yamsknollen, Maniok, Süß- und englische Kartoffeln, in Spalten geschnitten und auf einem Blech mit Olivenöl, Rosmarin, Knoblauch und Salz knusprig gebraten. Dazu Ziegenschmorbraten. Zum Dessert den Maisfruchtkuchen, um den es eigentlich gehen sollte. Ich schnitt ein Stück heraus. Die pure Enttäuschung. Wenig appetitlich, eher abstoßend. Ein mausgrauer und speckiger Teigklumpen, was niemand zu stören schien außer mir. Die Masse klebte zwischen den Zähnen wie Leim.

»Nham«, Ruben rieb sich den Bauch, »wann eröffnest Du ein Restaurant?«

»Im nächsten Leben.«

Zwei Stunden später luden wir die Kiste mit den Chutney-Gläsern und die am frühen Morgen gelieferten Früchte auf den Hilux, eigens für den Transport organisiert.

»Nein. Den Kuchen nicht.«

Ruben erfasste instinktiv, was mit wenigen Worten nicht zu erklären war.

»Touristen sind anders. Ich weiß.«

Mit dieser Erkenntnis wickelte er kurzerhand den vegetarischen Speck in Alufolie und lachte.

»Für mich.«

Später erzählte er dann, wie gut das kulinarische Andenken bei den Gästen ankam. Und bei den Einheimischen.

»Amelie. Wir brauchen mehr davon.«

Mit den Augen eines Hundes fragte er: »Kannst Du das?«

Ich konnte. Und um der möglichen Routine vorzubeugen, tüftelte, verfeinerte, schmeckte ich ab und fürchtete allmählich um meine Figur. Egal. Liams Erbe verpflichtete. Obendrein machte es richtig Spaß. Ein Buch voller Rezeptideen und Episoden. Ein paar Notizblätter stecken hinten zwischen den letzten Seiten. Zum Erproben.

9

Stürmisch

Es begann ganz sanft mit einer leichten Brise, die über die Bergspitzen herab ins Tal glitt. Zwischen aufgebauschten Wolken grelle Sonnenstrahlen auf Monicas dunklen Armen, als sie die Wäsche auf die Leine klammerte. Amadeus an den Ohren zwischen Slips und Blusen. Die Nacht hatte ihm zugesetzt. Tränennass landete der Teddybär an diesem klaren Septembermorgen im Wäschekorb. Mein Selbstmitleid hatte aus ihm einen Jammerlappen gemacht. Und Monica las an meinen dicken Augen ab: *weder Diskussion, noch Fragen.* Also tat sie, was sie immer tat, wenn reden nichts half. Sie summte eine Melodie, säuberte die Schränke in der Küche, staubte Bücher ab und beförderte die schmutzige Wäsche, das Plüschtier inbegriffen, in die Waschmaschine. Fünf vor drei sagte sie: »Ich geh dann mal.« Ich saß auf der Brüstungsmauer, sah in die Ferne und tat mir leid. Eigentlich war gar nichts Besonderes geschehen in dieser dunklen Funkelsternennacht. Das war es wohl. Die Atempause dauerte zu lange schon. Ich kannte das. Die Enge in der Brust. Das drohende Ersticken, jenseits von Wut, Hoffnung, Sehnsucht. Wolfram hatte mich im Schlaf besucht. Die kleine Schwester der Claudia Schiffer an seiner Seite. Vivian. Erwachen mit flauem Gefühl und dem Tausendfüßler im Bauch. Kein tröstlicher Gedanke. Kein Brief von Julian. Kein Besuch von Jorge. Seit zwei Wochen nichts. Leere wie auf dem Meer. Nicht mal ein Fischerboot in Sicht.

Dann eine Böe. Ohne Vorwarnung. Der Auftakt. Das Orchester der Natur spielte auf. Eine Septembersymphonie mit gewaltigem Nachhall über diesem Teil der Insel.

Erster Satz. Staubwirbel. Brennen in den Augen. Ein Grund zu heulen. Dann ein Tropfen auf der Schulter. Noch einer. Viele. Groß wie Centstücke. Der Himmel weinte mit. Ich kletterte von der Mauer und brachte die Sitzkissen ins Hausinnere. Die Hunde trabten mit hängenden Köpfen ins Wohnzimmer und rollten sich in ihren Körben zusammen. Ein Knall. Das Fenster in der Küche war zugefallen. Gerade dort angekommen, peng. Die Terrassentür schlug zu. Ich rannte wieder hinaus, schnappte das Windlicht, das umgefallen war, auf die Tischkante zurollte und auf den Steinplatten zu zersplittern drohte. Wasser platschte auf die Pergola, den Tisch, die Stühle, die Hängematte. Schrot, das die rote Erde dampfen ließ.

Zweiter Satz. Heulender Wind. Herabschießendes Himmelswasser. Die Wäsche zerrte an der Leine zwischen den biegsamen Baumstämmen. Zweige, Blätter und Blüten wirbelten durch die Luft. Gelber Stoff flatterte davon. Ich lief quer durch den Garten der Bluse hinterher, was zwecklos war, als sich das Seil aus der Verankerung löste und in hohem Bogen mitsamt der Wäsche und dem Bären über meinen Kopf hinwegflog. Der Wind peitschte es über den Boden. Eine Strohmatte streifte meine nackten Beine, während ich Amadeus' Körper packte und ihn von der Schnur riss. Staub brannte in meinen Augen wie Feuer. Plötzlich krachte es hinter mir gewaltig, als habe der Blitz eingeschlagen. Rummms. Der mächtige Stamm des Papaya-Baums, abgeknickt wie ein Zahnstocher, landete auf der Terrasse. Er hatte die Maracujapflanzen mitgerissen und unter sich begraben. Hätte ich das Plüschtier nicht geholt, läge ich jetzt dort. Mein Körper vibrierte wie ein Außenbordmotor vor dem Start. Ich konnte mich nicht rühren, bis ein Stuhl hinter der Brüstungsmauer vorbeisegelte, auf einem Felsen aufschlug und im nächsten

Moment ohne Beine seinen Flug über die Felder ins Tal fortsetzte, als sei er aus Papier und nicht aus Plastik.

Dritter Satz. Pfeifender, klirrender, ächzender Sturm. Mit aller Kraft stemmte ich mich gegen die Wasserwerfer aus Geisterhand, stieg über Stämme und Äste und erreichte die Terrassentür. Triefend nass und vor Kälte und Angst schlotternd lief ich ins Bad, zerrte mit klammen Fingern das Kleid vom Leib und schlüpfte in Jeans, Socken und Pullover. Vom Wohnzimmer aus betrachtet ein erschreckendes Naturschauspiel. Wie im Fernsehen. Nur hautnah dieses mal. Bedrohlich. Binnen weniger Minuten die totale Veränderung. Draußen eine Wand. Schiefergrau. Wasser, das an den Fenstergläsern herabprasselte und durch alle Ritzen kroch.

Vierter Satz. Grollender, brausender Orkan. Weltuntergang. Stumme Gebete. Die Hunde dicht neben *dem Vater unser*. Sehnsucht nach dem Finale.

Zwei Stunden später. Stille.

Draußen ein Bild der Verwüstung. Entwurzelte Bäume kreuz und quer. Zerstörte Felder. Ein Pfad abgerutscht. Die Gärten im Flusstal weggeschwemmt. Das Rinnsal ein reißender Fluss. *Die Moldau von Smetana* in berührendster Weise, weil es sich hier um kein Spiel handelte. Betroffenheit. Demut. Mir taten die Menschen leid. Geröll, Schlamm, Abfall, Schmutz.

Blanker Hohn am Tag darauf. Glutrote Sonne am Firmament. Glitzerndes Meer. Goldenes Licht überall. Und nicht den Hauch einer Brise.

Im Dorf begegnete ich bei den Aufräumarbeiten freundlichen Gesichtern. »Regen ist Segen.«

Wider Erwarten waren das Dorf und die Küstenanrainer kaum betroffen. Petrus genügte die Breite von hundert Metern, um Luft abzulassen. Zufällig befand ich mich genau dort, wo die Menschen dann »Deus« murmelten, sich bekreuzigten, um in die Hände zu spucken. Junge Männer, daran gewöhnt, die Felder zu bestellen und das Zuckerrohr zu schneiden, und Alte, noch kräftig genug, das Rohr zu bündeln und die Fässer zu füllen, kannten die Launen der Natur. Sie wussten, dass es zu nichts führt, weitere Gedanken darüber zu verschwenden.

Eine Woche danach goss ich das Pflänzchen dicht neben dem abgeknickten Stamm und freute mich über das Summen des Kühlschranks und den Klingelton des Telefons. Véronique. Der Schreiner. Alltag.

10

Die Rückkehr

Beinahe hätte ich sie übersehen. Im Gewimmel der Reisenden, inmitten von Koffern, Taschen, Kisten, Uniformierten, kein bekanntes Gesicht. Vielleicht wurde der Flug doch nicht umgeleitet und ging nonstop nach Praia. Auf der Anzeigetafel blinkte: *landed*. Die Maschine von Lissabon war gelandet. Eine weitere gab es nicht. Ich nahm die Sonnenbrille ab und suchte auf Zehenspitzen die Reihen vor dem Förderband ab. Strenge Blicke des Wachpersonals, die den Durchgang für die Passanten mit ihren Gepäckwagen freizuhalten versuchten. Ein Pulk von Menschen schob sich durch die Passage. Fünf Meter dahinter heftiges Winken. Eine adrette Frau, die einen voll beladenen Gepäckwagen schob. Sie näherte sich. Weiße Zähne im dunklen Gesicht. Lorina? Die sechs Monate haben aus ihr einen anderen Menschen gemacht. Äußerlich zumindest.

»Wie schön.«

Wir fielen uns in die Arme. Sogar ihr Geruch ungewohnt. Ein Eau de Cologne.

»Blond steht Dir gut«, sagte ich.

»Mimmo wird Augen machen.«

Ihr tiefes Lachen. Die warme Stimme. Daran hätte ich sie sofort erkannt. Stimmen verändern sich nicht. Jedenfalls nicht so schnell.

»Wie lange haben wir Zeit?«

»In zwei Stunden ist der Weiterflug. Also um eins Check-in.«

Sie knöpfte ihre Plüschjacke auf, schlüpfte aus den Ärmeln.

»Die Heimat ist warm.«

Mit dem gewohnten Schwung ließ sie den falschen Leoparden auf den obersten ihrer Koffer fallen.

»Super, dass Du gekommen bist. Hatte nicht damit gerechnet, dass wir uns sehen. So kurzfristig.«

»Fügung. Ich war sowieso auf dem Weg in die Stadt. Termin beim Schreiner.«

Sie zog die Augenbrauen hoch. Bekannte Mimik im fremden Gesicht. Die Lippen pink rot. Roséfarbener Lidschatten über den Rehaugen. Goldene Ohrstecker. Halsketten. Armreifen. Und die Figur. Zehn Kilo weniger. Ich musste mich an den Anblick erst gewöhnen und suchte nach Worten, um irgendetwas zu sagen.

»Nicht wichtig. Du bist da. Das zählt. Komm, lass uns einen Kaffee nehmen.«

Im Service-Areal des kleinen Flughafens stellte sie den Wagen ab und nahm ihr rot-goldverziertes Beauty-Case, an dem meine Augen hingen, in die Hand.

»Cartier. Günstig bekommen.«

Die kleine Reisetasche »für Mimmo« stellte Lorina an einem der sterilen Alutischchen ab. Sie strich ihren Rock glatt, postierte das andere Gepäck auf dem Stuhl neben sich und drehte den Kopf in Richtung Bar. Dort die obligatorische Dekoration. Regale vor einer Spiegelwand mit Flaschen, die niemals geöffnet werden, Kaffeemaschine, uniform gekleidetes Personal hinter der Standardauslage.

»Nein. Heute keine Pastéis. Sandwich und Kaffee«, murmelte ich eine Minute später vor dem Tresen.

»Dos Patéis de Nata, Sandwich …«

»Lorina, lass mich bitte«, fiel ich ihr ins Wort, bevor sie die Rechnung übernehmen würde, denn sie zückte bereits ihre Geldbörse.

Rasch fingerte ich ein paar Scheine und Münzen aus der Tasche meines Kleides, blickte auf das Display und legte den Betrag auf die Ablage. Um das Geplänkel, wer bezahlt, abzukürzen, sagte ich: »Die nächste Runde Du.«

Mit dem Tablett bewaffnet kehrten wir an den Tisch zurück.

»Danach hab ich mich so gesehnt.«

Lorina schob das süße Gebäck in ihren rosa Mund. Die Augen glücklich glänzend. Dann leckte sie genüsslich Daumen und Zeigefinger ab, bevor sie die Serviette nahm.

»Lorina. Wie ich mich freue!«

Vertraute Gesten, die die Einsamkeit durchbrechen, streicheln die Seele. Dennoch verdichtete sich die menschliche Nähe zu einem Kloß in der Kehle. Rührung. Schlucken.

»Ist es schlimm mit der *Sodade?*«

»Schlimmer«, sagte sie, und ich dachte über die Steigerung der Sehnsucht nach.

»Es ist gut in Luxemburg. Aber kalt.«

»Die Temperaturen?«

»Auch.«

Pause.

»Manchmal friert mein Blut.«

Sie biss in das zweite gefüllte Teigtäschchen und kaute.

»Weißt Du«, sagte sie und wischte sich den Mund mit der Serviette ab, »man bekommt ja alles in Luxemburg. Aber die da sind einfach unvergleichlich.«

»Heimat. Lorina. Sie schmecken nach Heimat.«

»Ich möchte nicht tauschen. Damit das klar ist.«

»Claro.«

»Nur. Mimmo vermisse ich sehr. Unter anderem.«

»Wie geht es ihm? Seitdem er weg ist, habe ich nichts mehr gehört«, sagte ich lächelnd, bemüht, meiner Stimme keinen vorwurfsvollen Klang zu geben.

»Gut. Schule prima. Nächstes Jahr nehm ich ihn mit.«

Sie schlug ein Bein über das andere, schlüpfte mit der Ferse aus dem Halbschuh mit dem Blockabsatz, der aus den siebziger Jahren hätte stammen können, und rieb sich den Knöchel. »Die geschlossenen Schuhe. Ich mag sie nicht.«

Dann drehte sie an ihrem Blechring, dem Geschenk von Jojo. Es hatte Gesellschaft von weiteren goldfarbenen bekommen. Ich betrachtete ihre weinrot lackierten Fingernägel, perfekt wie aus einem der Nagelstudios, die ich noch nie von innen gesehen hatte. Die Unterhaltung geriet ins Stocken, bevor sie richtig in Gang gekommen war.

Mir fiel nichts ein, was ich hätte fragen können, während sie die Reisetasche auf ihren Schoß hob, den Reißverschluss aufzog und ein in ornamentales Geschenkpapier gewickeltes Rechteck herauskramte. Ein Buch vielleicht.

»Für Dich. Sollte eigentlich für Lidia sein. Aber Dir passt es besser.«

Sie streckte mir das Päckchen hin. Behutsam zog ich die lila Schleife auf und löste vorsichtig die Klebestreifen, um das Papier nicht zu ruinieren, wie man das macht, wenn Ressourcen knapp sind.

»Danke.«

Die Floskel, *das wäre doch nicht nötig gewesen,* sparte ich mir. Sie wäre hier noch deplatzierter gewesen, als sie ohnehin ist. Lorina schwitzte vor Aufregung, als ich das Buch, das sich als Pralinenschachtel entpuppte, andächtig herausnahm und mit dem Finger über die edle Prägeschrift, *Must of Luxembourg,* auf dem Naturkarton strich. Die Confiserie-Leckerei hätte sie hierzulande einen Tageslohn gekostet. Mindestens.

»Vielen lieben Dank. Eine ganz besondere Kostbarkeit.«

Ich gab ihr einen Kuss auf die Wange, die sich anfühlte wie Seide.

»Das ist für Mimmo und Dich«, sagte ich und zog das weniger kunstvoll verpackte Etwas aus meiner Handtasche, froh darüber, noch rasch in der Stadt die beiden Shirts mit demselben Print, *Cabo Verde no stress,* gekauft zu haben.

Mit dem Anruf von Lorina heute Früh und ihrer Veränderung hatte ich wirklich nicht gerechnet. Dem kindischen Shirt in Übergröße war sie längst entwachsen.

»Wow! Cool!«

Sie schnalzte mit der Zunge. Das Stadtleben hatte ihrem Wesen nichts anhaben können.

»Wie geht es mit Feli und Iva?«, fragte sie, während die Shirts in ihrer Tasche verschwanden. »Weder noch.«

»Hm?«

Feli hat Arbeit im Hotel gefunden, das ständig erweitert wird, und Iva ist hochschwanger. Monica ist stattdessen bei mir.«

»Die Monica, die hinter dem Kindergarten wohnt?«

»Genau.«

»Aha.« Sie kratzte sich am Hals.

»Klappt es?«

»Kein Ersatz für Dich«, log ich und wurde nicht einmal rot dabei.

Die lokalen Ereignisse interessierten sie. Belangloses. Schließlich drehte sie wieder an ihrem Ring und fragte: »Und der Typ?«

Ich runzelte die Stirn, obwohl ich ahnte, worauf sie hinauswollte.

»Na, Du weißt schon.«

Nachdem ich die Achseln zuckte und weiter unwissend tat, sagte sie: »Jorge« und sah mich forschend an.

»Lebt noch.«

»Und sonst?«, schmunzelte sie.

»Bringt Fisch. Vor einer Woche zwei Kilo Thun.«

Sie begriff und rührte stumm im Schaum ihrer Tasse.

»Kkkk. Denk nicht so viel«, gab ich zum Besten, womit das Thema vom Tisch war.

Wir lachten, synchron, wie Freundinnen. Vor einem halben Jahr noch unmöglich. Der Abstand hat die Distanz verringert.

»Erzähl mir von Luxemburg. Ich war noch nie dort.«

Sie hob die Augen und rückte näher heran. Tuchfühlung als Türöffner zu ihrer Gefühlswelt. »Ein hohes Haus mit riesigen Zimmern.« Sie malte mit der Hand ein Oval in die Luft.

»Und viele Bäume im Garten mit Vögeln. So viel Grün drinnen und draußen. Ich zeig Dir Fotos.«

Unter anderen Umständen hätte ich abgewehrt. Sie öffnete ihr Beauty-Case, zog ein Smartphone heraus und ließ Bilder vorbeiflitzen. Die Festung, die Flaniermeile *Corniche,* Brücken, Parks, Menschen, Limousinen, Waren, Luxusgüter.

»Das hat mich umgehauen. Es gibt nicht zehn Sorten Käse, es gibt hundert. Als ich Brot kaufen sollte, stand ich eine halbe Stunde beim Bäcker. Die Auswahl. Zu viel das alles.«

Sie seufzte.

»Und die Kleider. Die Kaufhäuser. Die Düfte.«

Fünfzig Fotos weiter ein Windhund mit Mantel und strassbesetztem Band um den schlanken Hals.

»Das musste ich fotografieren. Das glaubt mir keiner.«

Bunte Bilder huschten vorüber, bis sie stoppte und mit den Fingern die klassische Fassade ihrer Unterkunft heranzoomte.

»Und das ist mein Zimmer.«

Fragmente in Miniatur. Bett, Schrank, Kommode, Tisch, Stuhl, ein schmales hohes Fenster mit Brokatvorhängen. Glaubt man ihrer Beschreibung und dem stolzen Klang ihrer Stimme, ein herrschaftlicher Raum.

»Ganz weiches Bett. Schau. Teppich auf dem Boden. Und da das Badezimmer. Es hat eine Wanne und immer heißes Wasser.«

Dann Madame Colard in einer Laube. Madame Colard von hinten. Madame Colard seitlich. Und alle Madame Colards so weit entfernt, dass weder Gesichtszüge, noch andere Details zu erkennen waren.

»Schön. Und Du pflegst sie also?«

Lorina schaute auf.

»Nein. Ich helfe der Köchin. Putze und kaufe ein. Einmal in der Woche staube ich ab. Die Bücher. So viele Bücher hast Du noch nie gesehen.«

»Ich dachte …«

»Hab die Stelle gewechselt.«

Nach und nach erzählte sie einigermaßen chronologisch von ihren Erlebnissen in der noblen Stadt des Großherzogtums Luxemburg, von dem sie nicht einmal wusste, wo es lag. Als ob sie nach den passenden Worten für etwas Unaussprechliches suchte, öffnete und schloss sie die Lippen. Fischmund. Ihre Augen wanderten unruhig hin und her, als sie flüsterte:

»Dort kamen sie nicht hin. Es ist zu weit weg. Luxemburg.«

»Wer?«

Ich verstand nicht.

»Die unruhigen Seelen. Sie lassen mich in Ruhe. Jetzt.«

»Ein Leben ohne Quälgeister. Das ist gut«, sagte ich, ohne zu wissen, was genau gemeint war. Jedenfalls schien sie Altlasten losgeworden zu sein, denn sie nickte zustimmend und kratzte sich wieder am Ellenbogen.

»Zwei Stellen waren grässlich. Nur Putzarbeit. Und niemand da. Bis mein Bruder half.«

Ihre Rehaugen gesenkt.

»Dort war es auch laut. Nachts bin ich oft aufgewacht und hab gedacht, die Frauen stampfen Mais. Aber es war eine Maschine auf dem Bau.«

Pause, weil die Worte ihr zu schwer wurden.

»Dann echtes Glück. Madame Colard …«

»Und Du spricht jetzt luxemburgisch?«

»Não.«

»Französisch?«

»Não«

»Deutsch?«

»Não.«

Die Neins von Mal zu Mal leiser. Die roséfarbenen Lider zuckten.

»Französisch. Geht so. Die Köchin lernt mir.«

»Hast Du Anschluss?«

Die Brauen hoben sich.

»Freunde?«

»Mein Bruder. Und Großonkel. Familie. Sehe ich nicht oft. Komme klar. Alleine.«

Ein feuchter Film auf der Iris, während sie von einer kapverdischen Gemeinschaft zu erzählen begann. Sie sprach hastig von Unterstützung, Namen, Schicksalen. Wie überall auf der Welt, wo sich Minderheiten zusammenfanden.

»Dass ich schwarz bin, ist mir dort erst aufgefallen«, sagte sie und lachte.

Kein *kkkk* eher ein *hm hm hm.*

Mein Blick fiel auf die Pralinen in der edlen Verpackung. Das Etikett der Einsamkeit klebte auf dem Mitbringsel. Beinahe unsichtbar für den Empfänger. Man musste genau hinsehen, um den Preis zu erkennen, so gut kaschiert war er.

Ein ausgefallenes Rendezvous

Das Oberdeck war menschenleer. Auf der breiten, warmen Bank lehnte ich mich zurück, streckte die Beine aus und schloss die Augen. Milde Abendsonne auf der Haut. Die Fähre hatte den Hafenlärm mit Hupen, Poltern und Stimmengewirr bereits hinter sich gelassen. Selbst der zähe Dieselgestank löste sich allmählich auf. Erholung pur. Ich genoss den gleichmäßigen Atem des Atlantiks mit seiner Mischung aus Salz, Algen und Fisch, das sanfte Rauschen der Wellen und das sonore Brummen des Schiffsmotors. Vielleicht tauschten die Meerestiere gerade Botschaften aus, in viertausend Meter Tiefe, von menschlichen Voyeuren verschont. Hoch oben der Ruf eines Seeadlers. In dieser natürlichen Wiege des rhythmischen Hin und Her, Auf und Ab wirkte das Echo des Tages absurd. Menschen, Plätze, Lärm, Hektik, Gestank. Ein Sammelsurium an Gedanken tauchte auf und versank im Nebel. Als ob ein Engel mit seinem Flügelschlag das erdig Schwere mit sich ins Universum genommen hätte, glitt ich hinüber in die Welt der Träume und begegnete Patricia. Ich sah, wie sie tanzte. Schmale Fesseln. Barfuß in einem kurzen Kleid. Ein dunkler Arm um ihre Taille. Lange flachsblonde Haare über der nackten Haut. Hüftkreisen. Ruben in engem Kostüm. Federn im Haar. Indianerschmuck. Ein Platz im Freien, gesäumt von vielen Menschen. München. Der *Stachus* im Hintergrund. Eine rasche Folge von Szenen. Zeitraffer ohne wirkliche Handlung.

Dann etwas Hartes an meinem Fuß. Ich hob die müden Lider. Ein Schatten vor mir. Gegenlicht. Ich blinzelte hinter den Sonnengläsern. Männerbeine auseinandergestellt, ein umgedrehtes V, die Knie gebeugt, im Schiffstakt federnd. Pralle Schenkel. Kräftige Hände. »Jorge!«

»Desculpe. A-me-lie. Hast Du geschlafen?«

»Getanzt.«

Er lachte und setzte sich neben mich auf die Bank. Dicht. Ich spürte seine Jeans, seine Flanke, straffte meinen Rücken und strich die Locken aus der Stirn. Dreiviertel der Strecke zwischen Mindelo und Porto Novo lag bereits hinter uns. Demnach muss ich eine halbe Stunde oder länger geschlummert haben, womöglich mit offenem Mund. Wie peinlich. Mir wurde heiß. Das

Herz schlug den doppelten Takt an. Aus Verlegenheit zog ich die Sweatjacke aus der Tasche und schlüpfte hinein.

»Wo warst Du? Gestern nicht am Strand. Heute in Mindelo«, sagte er.

»Beobachtest Du mich?«

»Ich habe Augen für Dich. Strandgängerin. A-melie.«

Ironie als Gegenmittel für den melodischen Sing Sang.

»Jorge. Der Mann im Hintergrund«, sagte ich spöttisch.

»Eine schöne Frau braucht einen Beschützer.«

Er legte den Arm um meine Schultern, selbstverständlich, als wären wir ein Paar, und ich ließ es geschehen, den Blick stur geradeaus auf den Boden gerichtet. Nur nicht in die Augen sehen. Jetzt nicht. Mein Herzschlag aus dem Takt. Seine Körperwärme an meiner rechten Seite. Eine maritime Uniform schritt vorüber.

»Wann hören wir Ändel?«

»*H*«, sagte ich.

»*H*ändel.«

»Wann?«

Sein Mund an meinem Ohr. Ich sog die Luft tief ein, ohne die Brust sichtbar zu heben. Bauchatmung. Jogatechnik. Der Duft des Jägers in mir. Würzig, herb, aufregend. Der Boden begann zu vibrieren. Rote Turnschuhe mit schwarzen Streifen, die sich tänzelnd näherten. Darüber eine schlanke Silhouette. Sonnenreflexe auf weißen Kopfhörern.

»Olá. Ihr beide auch hier?«

Die scheppernde Stimme gehörte Manuel, dem Sohn des Restaurantbetreibers neben dem Fußballplatz. Dort gab es die beste Pizza.

»Djons Auto hat Achsbruch. Schon gehört?«

Er tat, als sei es ganz normal, dass wir so eng beieinander saßen. Vielleicht war es das auch. Gute Freunde. Mehr nicht. Meine Muskeln entspannten sich.

Manuel ließ sich links von mir auf die Bank fallen und wippte mit den Füßen zur Musik. Jorge beugte sich vor meiner Brust zu Manuel hinüber. Mausefalle.

»Der hat immer Pech.«

Der rechte Kopfhörer rutschte nach oben.

»Hä?«

»Djons Wagen. Dumme Sache.«

»Fahrt ihr mit Pombe?«

Manuels Stimme jetzt auf normale Lautstärke eingestellt.

»Hab noch in Port Nov zu tun«, gab Jorge zurück und begann mit dem rechten Fuß zu zucken.

Möglich, dass etwas dran ist an den Gerüchten über ihn.

»Ich bin dabei«, sagte ich zu Manuel gewandt, der eine Melodie mitsummte.

Da erhob sich Jorge, postierte sich wieder breitbeinig vor uns und begann zu singen. Eine Bassstimme aus voller Kehle mitten auf dem Ozean. Gänsehaut auf meinem Rücken. Nach einer Strophe, die ich noch nie zuvor gehört hatte, verstummte er, verbeugte sich leicht und setzte sich lachend wieder dicht neben mich.

»Bravo.«

Manuel klatschte in die Hände.

»Das ist ja. Ich wusste gar nicht«, stammelte ich.

»Du solltest meinen Bruder Amancio mal hören. *Der* kann singen. Kommt in drei Wochen aus Faro. Zu Weihnachten«, sagte Jorge und grinste wie ein großer Junge, dem ein Streich gelungen ist.

Novemberlicht. Die bizarre Bergwelt im Rücken der Stadt in einem weinroten Schleier. Der Saum silbern glänzend. Boote wie halbe Walnuss-Schalen verstreut. Ein surreales Gemälde. Entrückt. Weit draußen indigoblauer Samt im Wind. Am liebsten hätte ich das Bild festgehalten. Einfach so verharren in dieser Stimmung. Wir mittendrin. Verzaubert. Für immer. In wenigen Minuten würde die Fähre anlegen, dann wäre es vorbei.

Seine warme Handfläche wieder auf meiner Schulter.

»Ich brenne auf Händel«, hauchte die Stimme in mein rechtes Ohr.

Ein fremdes Lachen aus meinem Mund. Dann stand er schwungvoll auf und knetete seine Finger.

»Brauchst Du Fisch?«, fragte er in einer Lautstärke, die selbst der Kapitän in seiner Kabine hätte hören können.

»Die Großfamilie fehlt.«

»Kein Problem. Ich komme gern zum Essen.«

Ich forschte in seinem Gesicht, wie ernst gemeint das war und zog die Augenbrauen hoch. »Warum nicht«, hörte ich mich sagen.

»Morgen?«

»Perfekt. Um sieben?«

»Einverstanden. Aber ohne Fisch.«

»Dafür mit *H*ändel.«

Hätte die Fähre eine Minute später nicht mit einem heftigen Ruck angelegt, hätte ich an meinem Wachzustand gezweifelt.

War ich übergeschnappt? Was tat ich hier? Das fragte ich mich von diesem Moment an. Als Jorge vom Dämmerlicht verschluckt worden war und ich auf dem Rücksitz von Pombes Hilux saß, hallte sie wider. Die

Frage blieb beharrlich. Auf dem holperigen Weg von der Stadt über die Berge in unser kleines Dorf, das im Schein der gelben Laternen beschaulich am Fuße des Bergmassivs vor sich hin träumte. Später im Mondlicht unter der Funkelsternendecke und um Mitternacht im Bett. Ich kam nicht zur Ruhe. Anstatt einer Antwort ein Kreisel im Kopf. Dazu eine Energie, als ob der schwere Mantel der Lethargie, den ich bis dahin gar nicht kannte, von mir abgefallen wäre. Flügel. Schmetterlinge. Eine Vitaminbombe in Körper und Seele, nur das Gehirn blieb ausgespart. Ein Kick, würde Patricia vermutlich sagen. Fühlte Wolfram ebenso, als er die Studentin zum ersten Mal sah, sie wieder traf, sie berührte, verführte? Irgendwann würde ich ihm diese Frage stellen. Vielleicht. Im nächsten Leben. Wir hätten uns viel zu sagen. Dann würde ich wissen wollen, was genau er empfand. Das erfahren, worüber man(n) nicht gerne spricht. Das, was ich gar nicht wissen wollte, weil es so sehr schmerzte. Hatte es in seinem Bauch gekribbelt oder tiefer, wenn er an die andere dachte? War es nichts als Testosteron und Adrenalin? Wie fühlte es sich an, dieses Verlangen, das stärker war als die Liebe zu mir? War es anders als bei mir?

Mein Körper überraschte mich. Ein halbes Jahrhundert als Verfallsdatum von Lust und Leidenschaft, daran glaubte ich. Sexuelle Anziehungskraft zwischen älteren Menschen, bestenfalls ein Thema für Boulevardmedien, weil Erotik in all seinen Facetten sich immer gut verkaufen lässt. Und nun packte mich das hautnah. Ich knipste die Nachttischlampe an, stand auf und tappte ins Badezimmer. Das Gesicht im Spiegel wirkte nicht alt, aber auch nicht jung, dabei konnte ich das gar nicht objektiv beurteilen. Fältchen um die Augen. Ein Meer aus Sommersprossen oder Altersflecken? Mit der Nase dicht am Spiegel strich ich die Locken aus der Stirn, auch da eine Falte, und forschte nach Silberfäden im Braun. Mit dem Rücken zum Spiegel verrenkte ich den Hals, kniff auf Zehenspitzen das Fleisch an Oberschenkeln und Hinterteil zusammen, auf der Suche nach Cellulitis. Die Haut passabel, aber viel zu trocken. Wie die Figur. Oberflächlich betrachtet in Ordnung bis auf die Wölbung unter der Brust. Dritter Monat oder vierter. Ich müsste Sport treiben. Joggen anstatt schlendern beim morgendlichen Strandgang. Hundert Meter schwimmen, anstatt zu baden. Training. Gute Vorsätze, die ich gleich verschieben würde, denn morgen, nein heute, gab es anderes zu tun.

»Was ist nur in Dich gefahren, Amelie?«, sagte ich zu mir und klopfte eine Nachtcreme auf Stirn- und Augenpartie, wie es eine Kosmetikerin einst empfohlen hatte.

Wieder auf der Matratze dann eine Salve neuer Fragen. Nadelstiche. Fein und spitz. Was, wenn ich seine heimlichen, tiefen Blicke, die Melodie der Liebe, falsch verstand? Was meinte er mit dem Satz: *Ich habe Augen für Dich*? Eine Floskel, die zum üblichen Geplänkel in einer Machogesellschaft gehört, ähnlich dem *Bella* in Italien? Was, wenn Monica oder sonst jemand, womöglich Lucie, etwas erfahren würde? Ich musste vorsichtig sein, was auch immer passieren würde. Alleine der Besuch eines verheirateten Mannes in der Dunkelheit war bereits verdächtig. Die Leute würden munkeln. Der Konjunktive überdrüssig fiel ich in einen traumlosen, kurzen Schlaf.

Ein Hahn krähte. Fröhlicher Staubpartikeltanz auf den Lichtstrahlen. Die Zeiger des Weckers auf halb sieben. Ich gähnte, dehnte meinen Körper und schwang die Beine aus dem Bett. Bei Helligkeit betrachtet sahen die Arme und Beine aus, als hätten sie in Maniokmehl gesteckt. Grobes Salz und Olivenöl, mangels Sahne als Peeling. Danach Wechseldusche und massenhaft Creme und Bodylotion auf jede freie Hautstelle. Zum Frühstück Obstsalat anstatt Brot oder Haferflocken und eine Runde im Laufschritt mit Jule und Zappa im Schlepptau. Seitenstechen und Atemnot. So begann der neue Tag.

Senhor Ramos vor der Tür.

»Eselsmist für den Garten?«

»Heute nicht.«

»Morgen?«

»Immer. Nur heute nicht.«

Das Telefon. Véronique. Ich biss mir auf die Lippen, damit nicht herausrutschte, was in meinem Kopf steckte.

»Aufgedreht«, empfingen ihre sensiblen Antennen.

»Was ist los? Deine gute Laune sprüht durch die Leitung.«

»Nichts Besonderes. Restaurant Amelie hat heute geöffnet. Freunde von Ruben kommen.« Das war nicht ganz gelogen. Dennoch fühlte ich mich unbehaglich. Als ob alle ahnten, dass etwas in der Luft lag.

Monica um halb zehn.

»Was machst Du da?«, als ich gerade am Küchentisch die fette, starre Haut der geräucherten Fische abzog und versuchte, das Fleisch zu filetierten.

»Resteessen.«

Auch das nicht unwahr. Die Fischstücke würde ich später verarbeiten, wenn ich sie von ihren unzähligen Gräten befreit hätte und Monica nicht mehr im Haus herumwuselte.

»Könntest Du gleich in die Berge gehen? Ich brauche frischen Ziegenkäse.«

Damit würde sie für Stunden beschäftigt sein, ich

konnte in aller Ruhe schalten und walten. Es war unwahrscheinlich, dass sie die zwei Leib Käse im Kühlschrank entdecken würde. Allerdings war es mit der Ruhe so eine Sache. Entweder das Telefon klingelte oder es klopfte an der Tür. Zuerst der Stromableser. Später Djon, der die Post brachte und zur Belohnung einen Schnaps brauchte. Ein Fensterbrief. Der konnte warten. Dann zwei Jungen mit einer Eierlieferung. Schulkinder, die für ein Fest sammelten, und so weiter. Zunehmende Nervosität, die nicht vor der Küchentür Halt machte. Es klebte, klumpte, brannte an. Und dabei hatte ich mir alles schön zurechtgelegt und die Zutaten, samt Abfolge auf einen großen Zettel geschrieben, damit ich nichts vergaß. Das Essen musste überraschen und begeistern, weil Liebe bekanntlich durch den Magen geht, gleichzeitig durfte es nicht zu fett sein, damit es nicht träge macht, dennoch kreativ und ausgefallen, aber nicht zu gewagt, am besten wenig Fisch, weil es den jeden Tag gab und auf keinen Fall sollte es aussehen, als hätte ich mich übermäßig bemüht. Leckere Kleinigkeiten, die keinen zusätzlichen Gang in die Küche erforderten. Schließlich sollte das Folgende dabei herauskommen:

Herzhaftes Maniokbrot
Salatplatte mit Marinade nach Art des Hauses
Fisch-Brunnenkresse-Bällchen

Linsencurry
Minze-Dip
Gefüllte Datteln

Zugegeben, beim Linsencurry war ich mir unsicher. Blähungen womöglich. Aber das wäre auch bei Bohnen ähnlich riskant. Eine Prise Natron ins Kochwasser würde das Gericht neutralisieren, hatte ich gelesen. Zunächst hackte ich die Zwiebeln für den Teig des Maniokbrotes, vorsichtig, um mir nicht in die Finger zu schneiden, wie so oft. Sie brutzelten in der Pfanne und wurden prompt zu dunkel, weil das Telefon dazwischenfunkte. Der zweite Versuch schmeckte, als wäre ein Salzfass in die Schüssel gefallen. Womöglich war der Spruch, dass Verliebte das Essen versalzen, auch hier bekannt. Also weg damit. Den dritten Versuch verschob ich auf später, weil Monica um eins zur Türe hereinkam, als wäre der Fußboden ihr Feind.

»Kein Käse«, schnaufte sie.

»Antonias Hütte zu und der Ziegenjunge nicht da.«

Sie kam näher und schielte auf den Tisch, wo die Zutaten verstreut lagen.

»Ist es wichtig? Soll ich im Dorf fragen?«

»Gute Idee.«

Ich trocknete umständlich meine Hände ab, die gar nicht nass waren.

»Bring einfach den Käse morgen mit«, sagte ich und freute mich über die Lösung des Problems, das sie selbst geliefert hatte.

»Wie jetzt?«

»Monica. Ich habe Kopfschmerzen. Muss mich hinlegen. Mach Feierabend.«

Sie hob die Schultern und schenkte mir den Blick: »Das kannst Du Deiner Oma erzählen.« Egal. Zwei Minuten später flog die Türe zu.

Nichts langweiliger als die Zubereitung diverser Gerichte. Ich habe ehrlich gesagt noch nie verstanden, weshalb Kochshows so beliebt sind. Aber vielleicht sind Fernsehköche um einiges amüsanter, als das, was ich zu bieten hatte. Im Zeitraffer: Zunächst mühte ich mich mit der Fischmasse ab, denn der Stabmixer hatte hell aufheulend den Geist aufgegeben. Aus dem Brei lugten winzig feine Fischgräten, die ich mit den Fingern mühsam herauszupfte, um einem möglichen Erstickungsanfall vorzubeugen. Die Masse klebte am Boden der Schüssel und zwischen den Messern wie Leim, die Linsen waren inzwischen zu musig geworden und meine Nerven aufgerieben. Hätte es einen Catering-Service gegeben, wäre ich zur besten Kundin geworden. Um vier Uhr ließ ich alles fallen und ging in mein Zimmer. Auf dem Regal neben Amadeus stand die Holzschachtel. Ich kramte den Tabak heraus, den Patricia mir dagelassen hatte »für Notfälle«. Als ob sie es geahnt hatte. Jetzt war ein solcher Fall, dachte ich, und versuchte mir eine Zigarette zu drehen. Nicht einmal das gelang. Eine krumme Tüte, wie ein missglückter Joint. Das Nikotin beruhigte, obwohl ich husten musste. Mein Blick fiel auf den Spiegel *kkkk – denk nicht so viel.* Richtig. Das hatte ich ganz vergessen. Wieder einmal. In aller Ruhe gönnte ich meinen Zehennägeln einen tiefroten Lack und den Schläfen eine Massage.

Nach der Pause machte ich mich erneut ans Werk, spülte Berge von Schüsseln und Töpfen, fütterte die Hunde und drapierte die Kissen auf dem Sofa. Für alle Fälle. Händel. Die *Feuerwerksmusik.* Ich legte die CD in den Player, drehte die Musik auf und brachte mich in Stimmung. Um halb sechs war alles auf den Platten verteilt. Dann kam die Terrasse dran. Die weiße Tischdecke wirkte zu festlich, die karierte zu plump. Also suchte ich zwei schlichte Leinensets aus dem Schrank, rieb Besteck und Teller blank, hielt die Gläser gegen das Licht und wechselte die abgebrannten Stabkerzen in den Haltern aus. Die Stühle rückte ich beiseite. Zwei sich gegenüberstehende würden genügen. Ein paar Thymianzweige und Wandelröschen in eine niedrige Blumenvase, damit sie den Blick nicht störten. Ein romantisches Arrangement. Wasser in den Krug und den Wein in den Kühlschrank. Fertig.

Höchste Zeit für die Dusche. Meine Haut erlebte eine Pflege wie seit Monaten nicht mehr. Irgendwo hatte ich gelesen, dass die Haare besonders intensiv glänzen und duften, wenn man ein paar Tropfen Zitrusöl ins Shampoo mischt. Experimente vor einem Rendezvous sollte man jedoch tunlichst unterlassen, stellte ich anschließend fest. Ein fettiger Haaransatz wirkt wenig anziehend. Es brauchte zwei weitere Wäschen, bis ich aussah wie immer. Beinahe zumindest. In die Locken knetete ich ein wenig Gel. Der Lidstrich ließ das Braun meiner Augen stärker wirken, dunkles Rot die Lippen sinnlicher erscheinen. Ein wenig Rouge auf die Wangen, das ich wieder entfernte. Zuviel. Ich war nicht beim Theater. Dann die Anprobe. Nach fünf Versuchen das schwarze Kleid. Eng anliegend. Tiefer Ausschnitt, der die roten Spitzen des BHs erkennen ließ. Der Klassiker. Es war fünf vor sieben. Ich drehte mich vor dem Spiegel. Perfekt, fand ich und schlüpfte in die Riemchensandalen. Noch ein paar Spitzer Parfum in den Nacken, in die Kniekehlen und Armbeugen. Er konnte kommen.

Zehn nach sieben. Ich balancierte Platte um Platte aus der Küche und stellte sie auf die Tafel. Zwanzig nach sieben. Dekantieren des Weins konnte nicht schaden. Ein Schluck. Womöglich Kork. Trocken, süffig. Wo blieb er nur? Halb acht. Die Uhren gingen hier zwar anders. Dennoch. Ich wurde unruhig. Hatte er einen Witz gemacht? Ich könnte nicht einmal eine Freundin anrufen und kurzerhand einladen. Véronique bräuchte drei Stunden, bis sie hier wäre. Ich hasste zu spät kommen. Ich nahm einen kräftigen Schluck aus dem Glas und steckte ein Fischbällchen in den Mund. Köstlich. Das kitschige Rotlichtmilieu hatte sich in ein elegantes Grau verwandelt. Der Sonne genügten wenige Minuten, sich theatralisch über dem Meer zu verabschieden. Ich zündete die Kerzen an. Im Schein des flackernden Lichts ein einladendes Ambiente. Bald würde die Nacht ihr dunkles Gewand ausbreiten. Viertel vor acht. Der Türklopfer. Endlich.

Ich eilte durchs Wohnzimmer ins Bad und zog vor dem Spiegel die Lippen nach, dann vorbei an der Küche durch den Gang in das Vorderhaus. Ich lächelte zur Probe und lockerte nochmals mit den Fingern meine Locken. Mit Pulsschlag im Hals zog ich schwungvoll die Türe auf, bevor mein Atem stecken blieb. Jorge in weißem Hemd und langer Hose. Rechts von ihm Lucie. Links seine Tochter.

12

Symphonie für einen Fisch

»Keine Widerrede. Du kommst!«

Rubens Stimme so weit entfernt, als befände er sich auf dem Kontinent und nicht auf einer Nachbarinsel. Knacken in der Leitung. Atmosphärische Störung.

»Ich überlege es mir«, sagte ich, um Zeit zu gewinnen.

»Was gibt es da zu überlegen?

Du gehörst zur Familie. Und Weihnachten feiert man zusammen.«

Aber so einfach war das nicht. Weder mit der Familie noch mit dem Feiern und schon gar nicht mit Weihnachten. Ruben kannte die Gründe nicht. Auf meinem verschlungenen Lebenspfad war die Spontaneität verloren gegangen. Er konnte das nicht ahnen, so gut verbarg ich sie, meine Gefühle nach jenem seltsamen Abend, der eine noch denkwürdigere Nacht nach sich gezogen hatte.

Spekulationen über Gesagtes und Nichtgesagtes, über Handlungen wie in einem makabren Film ohne Drehbuch. Es war ein mieses Spiel. Eine Realsatire mit üblem Nachgeschmack und Fehlersuche. Das Schlimmste war die fehlende Intuition.

Nicht der Hauch eines schlechten Omens schwang mit, als ich vor drei Wochen zur Türe eilte. Umso heftiger dann der Schock. Der Energiefluss gestoppt, wie bei einem Unfall. Ein Vakuum im Kopf. Ausgelöscht die Details, wie die Drei in der Halle standen, was mir als Begrüßung über die Lippen kam und wie das wirkte. Ich weiß es nicht. Ich erinnere mich nur an Jorges durchdringende Stimme.

»Schön, diese Bilder an der Wand.«

Lucie inspizierte die geblümten Kissenbezüge des Sofas, Lilly befingerte die afrikanische Statue, als ich innerlich bebend mit einem Tablett voller Saftgläser aus der Küche zurückkehrte. Es landete krachend auf der Kommode. Barfuß pendelte ich zwischen den Räumen und der Terrasse hin und her, mit Tellern, Besteck und Gläsern bewaffnet, und rückte Stühle. Wie in Trance. Automatisierter Aktionismus, um die Peinlichkeit zu kaschieren. Irgendwann saßen wir um den Tisch. Jorge faselte etwas von herrlichem Ausblick, als ob er noch nie hier oben gewesen wäre. Lucie stopfte sich die Fischbällchen mit den Fingern in den Mund, gierig wie eine ausgehungerte Wölfin. Vielleicht vor Zorn oder weil sie schmeckten. Schwer zu sagen.

»Saudé.«

Die Gläser tönten blechern. Lilly, die Tochter, schwieg und kicherte albern, als sie die Linsenpaste auf ihrem Teller verteilte. Zäh, wie die Unterhaltung. Eine merkwürdige, knapp zweistündige Inszenierung, die darin gipfelte, dass Lucie ihren schicken Lurexschal als Taschentuch benutzte, bevor sie ihn zu Boden fallen ließ. Die bildhafte Untermalung von Jorges Frage.

»Amelie. Alles köstlich hier. Hast Du auch Musik im Haus?«

Der Schlusspunkt. Ich nahm einen kräftigen Schluck, bevor die Worte aus meiner Kehle krächzten.

»Oh. Das tut mir schrecklich leid. Händel. Ist kaputt gegangen.«

Nachdem sie sich alle artig bedankt hatten und mit der Dunkelheit verschmolzen waren, öffnete ich die Fenster im Vorderhaus, entzündete ein Räucherstäbchen aus dem Sortiment *Kampfer* und schaltete die Stereoanlage an. Händel. *Die Feuerwerksmusik.* Volle Lautstärke. Ich setzte mich an den Rand des Schlachtfelds aus verschmutztem Geschirr, halb leeren Schüsseln und einer Gläseransammlung, als habe ein Gelage stattgefunden.

Nachdem das ein echter Notfall war, bröselte ich Patricias Tabakmischung auf das Papierchen, zog einen Wollpullover über das Kleid, leerte die zweite Flasche Wein und zog den Rauch tief hinein in Lunge und Magen, um mich und den Teufel mit den tausend Füßen zu benebeln. Jorges Stimme hatte ihn aufgeweckt und er hatte zugebissen, so heftig wie Lucie in die Bällchen. Es war keines übrig geblieben. Auch nicht eine der süßen, gefüllten Datteln. Ich ging in die Küche, kramte im Schrank nach den Pralinen, den edlen, und verspeiste sie, eine nach der anderen.

»Keine Träne vergießen. Nicht eine einzige«, sagte ich zu mir.

Weshalb Amadeus und das Kopfkissen am nächsten Morgen nass waren, bleibt ein Rätsel. Jedenfalls habe ich in dieser Nacht einen Entschluss gefasst. Großreinemachen. Bevor es um Äußerlichkeiten geht, räume ich mein Innerstes auf, damit der Instinkt wieder einziehen kann.

Deshalb die Überlegungen. Die Einladung von Ruben war in seiner Ernsthaftigkeit rührend.

»Du wirst staunen, wie schön Weihnachten bei uns ist«, schwärmte er.

»Du gehörst dazu.«

Tatsächlich? Die drängendsten aller menschlichen

Fragen nach Zugehörigkeit und Heimat sprangen auf den Kreisel auf, der sich wieder zu drehen begann. Genetisch betrachtet war ich ein Teil dieser Familie, wenn auch nur ein winzig kleiner. Ein weit verzweigter Ast. Dennoch verbunden mit dem großen Ganzen. Meine Worte an Patricia kamen mir in den Sinn. Wie ich vom Fundament einer Familie gesprochen hatte und mich hinter Metaphern versteckte. Ich sprach vom Baum, dem die Hälfte seiner Wurzeln fehlt, und meinte mich. Unvollständig. Instabil. Die Nahrungszufuhr gestört. Die Krone schütter. Gefährdet. Sie hatte verstanden. Ich sollte die Einladung annehmen, mich auf Neues einlassen und das Schneckenhaus verlassen, würde meine Tochter raten. Was war schon passiert? Eine Enttäuschung. Mehr nicht.

»Enttäuscht, beinhaltet das Erkennen einer Täuschung«, hatte ein Freund einmal gesagt.

Ein weiser Mann, dachte ich und gab mir einen Ruck.

»Ruben. Danke. Ich komme. Gerne.«

Das Fest der Liebe jenseits kommerzieller Einflüsse rief plötzlich meine kulturelle Vergangenheit wach. Weshalb sonst zelebrierte ich Weihnachtsrituale und christliche Traditionen, buk Zimtsterne und Vanillekipferl, die Monica so unglaublich gut schmeckten, *sab sab*, wie den wildfremden Menschen, die vom mild süßen Duft der Kindheit angelockt vor dem Haus die Hälse reckten. Kostproben mit *mmmhhh* als Dank. Bewährte Rezepte gab es reichlich im Internet. Exotische Plätzchen für die Teilnehmer der Sambakurse kreierte ich nach eigenen Ideen. Berge von Gebäck aus Mandeln, Datteln, Eischnee, Zucker und Zitrusfrüchten wanderten ins Tal, denn die Tanzschule lief gut. Neuerdings unter Tonis Leitung, als Vertretung von Ruben, der sich beim Fußballspiel einen Bänderriss zugezogen hatte. Seit einer Woche blinkten bunte Lichterketten über dem Schild und beleuchteten das Schuldach zur Freude der kleinen und großen Kinder. Weihnachtsmänner aus Pappe klebten an den Fenstern der Klassenzimmer. Hätte ich eine der Kisten mit den nostalgischen bayerischen oder den geerbten badischen Weihnachtsdekorationen zur Hand, würden die Bäume im Garten jetzt wunderschöne Kugeln, Vögelchen und Engel aus Glas tragen.

Vor ein paar Tagen hatte ich vom Schwarzwald geträumt. Meterhoch türmte sich der Schnee an der Einfahrt zum Bauernhof meiner Großeltern. Fröstelnd erwachte ich mitten in der Nacht bei neunzehn Grad plus. Angefacht hatte diese Winterwonnesehnsucht Patricias Postkarte, auf der ein Pferdeschlitten, übervoll beladen mit Päckchen, durch einen schneebedeckten Tannenwald fuhr. Antiquiert, wie Handgeschriebenes im Zeitalter von E-Mails und SMS. Als ob wir dieses Ritual vereinbart hätten, telefonierten wir nie miteinander, sondern schickten uns Grüße per Post.

Drei Wochen, manchmal weniger, dauerten die Zustellungen, die meine Welt veränderten. Kleine Rechtecke des Glücks. Und andere freuten sich mit. Djon zum Beispiel, der meistens die Post aus der Stadt mitbrachte, weil es keinen Briefträger im Dorf brauchte. Gestern hielt er mit quietschenden Reifen, hupte dreimal kurz und brüllte aus dem offenen Wagenfenster.

»Amelie! Post. Aus Boston!«

So schnell war ich noch nie aus dem Haus. Eine Ansichtskarte. An der Ecke ein Knick. Ein Lichtermeer. *Boston at night* prangte kursiv in goldenen Lettern darauf. Mein Herz pochte, dass es schmerzte. Ich stand wie angewurzelt. Und Djon ebenfalls, bis ich verstand, mich in Gang setzte und mit dem Schnapsglas zurückkehrte. Ich konnte es kaum erwarten, wieder ins Haus zu kommen, lief mit der Karte in der Hand in den Garten hinaus und setzte mich auf die Erde unter den Gummibaum. Den Moment, sie umzudrehen, zögerte ich so lange hinaus, bis ich es nicht mehr aushielt und Julians Handschrift nach einer gefühlten Ewigkeit betrachtete. Dieselben schmalen, schräggestellten Buchstaben wie früher. Sechs Zeilen.

Mama. Danke für Deine Briefe, die darauf schließen lassen, dass es Dir gut geht. Nächstes Jahr an Ostern werden Yumi und ich heiraten. Wir laden Dich dazu ein. Ich würde mich freuen, wenn Du dabei bist, Dein Sohn Julian mit Yumi

Unsere neue Adresse: …… Die letzte Zeile verschwamm.

Eine Vorahnung. Seit Tagen dachte ich intensiv an Julian. Offenbar war meine Intuition zurückgekehrt. Ich meinte sogar, ihn am Strand zwischen den Menschen erkannt zu haben, die auf Frottier gebettet unter einer öligen Schutzschicht ihren Hunger nach Sonne stillen. Eine optische Täuschung im gleißenden Licht. Eigentlich gehe ich nachmittags nie ans Meer. Es war der Nachwuchs von Miss Rose, zehn kleine Ferkelchen, rosa mit schwarzen Punkten, die meine Prinzipien durcheinanderbrachten. Oder auch wieder nicht, denn ich halte mich nicht mehr an Vorsätze, zumindest was das Training betrifft. Wozu joggen? Die Haltung einer Sportlerin nahm ich lediglich auf Höhe der Lodge ein. Aufrecht, straffer Rücken, geschmeidig in den Fußgelenken federnd und locker die Arme schlenkernd. Auf keinen Fall wollte ich meine morgendlichen Strandgänge aufgeben wegen eines eingebildeten Rendezvous. Dreimal war ich vorbeigegangen und schielte dabei derart hinter den Sonnengläsern, dass ich fürchtete, meine Augen würden stehen bleiben. Keiner der Familie ließ sich blicken. Auf dem Rückweg dann knirschender Kies. Lucie. Sie näherte sich mit auftoupiertem Haar und einer Flasche Wasser in der Hand einem Tisch mit Gästen. Ich drehte den Kopf übertrieben in ihre Richtung, die Lippen gedehnt, bis es in den Mundwinkeln schmerzte. Sie hob die Hand und winkte. Freundschaftlich. Wie immer. Ich winkte zurück und fühlte mich zehn Kilo leichter. Jorge war ich eine Woche später begegnet auf der Straße unweit der Schule, als die ersten Klänge der Samba unsere Worte zerrissen.

»A-me-lie.«

Die Melodie fremd und ohne jede Wirkung.

»Nimmst Du eine Sambastunde?«, versuchte ich zu scherzen.

»Mit Dir als Lehrerin ...«

Ich hielt die Hände trichterförmig an die Ohren und tat so, als ob ich nicht verstünde. Akustisch betrachtet gelogen. Dann entschwand ich mit fröhlich wippendem Gang, hüpfte die Stufen hinauf, bevor er womöglich fragen würde, wie es um meine Fischvorräte und Anderes bestellt sei.

Der Wahrheit halber muss ich gestehen, dass sich meine Kreise erweiterten. Der gewohnte Sandstrand zur Linken hatte an Reiz verloren. Ich konnte ihn nicht mehr sehen. Auf der anderen Seite des Dorfes war es spannender, weil sich keine menschlichen Füße und Augen, höchstens ein paar Ziegen an jene Stelle verirrten. Unbeobachtet und frei fühlte ich mich dort, wo ein beschwerlicher steiler Pfad über einen Bergkamm hinab ans Meer führte. Zufällig war ich auf einem Streifzug darauf gestoßen und wunderte mich zunächst über die radikale Veränderung der Umgebung. Vereinzelt Akazien, Trockengras, rotbraune Erde, Dürre. Vor den letzten Schweinekoben aus aufgesetzten Natursteinen mit Strohdächern oder Plastiksäcken als notdürftiger Sonnenschutz endeten die Ausläufer des fruchtbaren Tals. Wasser aus den Tiefen ließ die blühende Üppigkeit entstehen, die immer wieder faszinierte. Ein weit verzweigtes Netz aus gemauerten Kanälen speiste alle möglichen Pflanzen. Bananenstauden, Mandel-, Brotfrucht-, Guaven-, Papayabäume, Kokos- und Dattelpalmen, Zuckerrohr-, Yams- und Maniokfelder, Gemüse- und Kräutergärten. An manchen Stellen waren die *Levadas* gebrochen. Sie wurden nicht mehr gebraucht, weil die Wasserzufuhr fehlte. Nur wenige Meter weiter dann die Vielfalt der Wüste. Gestein und Sand in allen Farben. Täler, Höhlen, karstig, bizarr. Tief unten ein kleiner Strand, nicht breiter als zweihundert Meter, zwischen gigantischen Felsen. Glasklares Wasser als Belohnung für den Abstieg. Mein *praia paraíso*, wie ich den Ort nannte, war die meiste Zeit menschenleer. Alle möglichen Tiere wie Fledermäuse, Brauntölpel, Reiher, Kapverdensturmvögel und selbst die seltenen Prachtfregattvögel hatten die Bucht mit ihrem Reichtum an Nahrung, Nist- und Schlafplätzen für sich entdeckt. Ich folgte den Spuren im Sand, saß auf einem der ausgewaschenen Lavablöcke, schaute den Krebsen bei ihrem lebensgefährlichen Lauf zu und vergaß die Zeit. An Schwimmen war derzeit gar nicht zu denken. Meterhohe Wellen und eine gefährliche Strömung schreckten sogar Jule und Zappa ab, die das Wasser liebten. Patricia würde begeistert sein. Und Julian auch.

Die Entfernung schien plötzlich auf ein Minimum geschrumpft, so nahe fühlte ich mich den beiden. Ich würde Julian sofort schreiben. In drei Tagen war Weihnachten. Einen Eilbrief. Die Post in Mindelo müsste noch geöffnet haben vor dem Fest inmitten der Familie, von der ich so wenig wusste wie sie von mir. Zweimal war ich dort gewesen. Einmal vor der Haustüre, als ich Ruben abholte, das zweite Mal mit Patricia.

In der vierten Pension, die ich anrief, gelang es nach kurzem Hin und Her, ein Zimmer für mich und meine Begleiter zu reservieren.

»Nein. Nicht groß. Die Hunde sind winzig und sauber. Sie machen keinen Lärm.«

»Auf keinen Fall. Zwei. Geht gar nicht.«

»Ich bezahle den doppelten Preis, plus Trinkgeld.«

Das überzeugte die Dame am Telefon. Reisen mit Tieren ist eine echte Herausforderung. Die beiden mussten einiges aushalten. Zweieinhalb Stunden auf der Laderampe des holpernden Hilux hinter Gittern, eine Stunde Schaukeln im stinkenden, lärmenden Bauch der Fähre, anschließend zugige Freiluftfahrt durch die halbe Stadt. Nach dem zweiminütigen Check-in im schummerigen Eingangsbereich des *Tesouro*, in dem ein Mädchen mit goldverzierter Schleife im Haar gelangweilt in einem Buch blätterte, bis ein »bom« über die Lippen huschte und ein Schlüssel die Hände wechselte. Vor dem dreistöckigen Schatzkästchen, eingepfercht zwischen weiteren Wohnblocks, weder Grünflächen noch ein ordentlicher Pinkelbaum, dafür Revierfürsten auf dürren Beinen, die prophylaktisch ihre spitzen Zähne zeigten. Zappa mit Drohgebärden und Jule zitternd vor Angst wurde der Spaziergang zum Spießrutenlauf. Fünf Minuten später sangen die matten, braunen Augen ein Klagelied, als ich sie in das Zimmer ohne Balkon verfrachtete.

»Besser als Tierheim. Stellt euch nicht so an. Morgen fahren wir zurück.«

Als ob sie meine Worte verstanden hätten, freundliches Wedeln. Sie rollten sich auf der abgewetzten Bettvorlage zusammen, ihrem Schicksal ergeben.

Die Jagd durch die Läden auf der Suche nach Geschenken für die entfernt Verwandten und Unbekannten konnte beginnen. Ich wusste weder über die Gebräuche Bescheid, noch wie viele Leute kommen würden, deshalb kaufte ich allerlei Nützliches und Tand, wie man das in armen Ländern macht. Seifen, Körperpflegemittel, Kleidungsstücke, Tischdecken, Basecaps, Nippes und jede Menge Süßigkeiten. Die Geschäfte und Supermärkte quollen über vor Waren und Menschen. Wie in Deutschland an Heiligabend. Nur viel wärmer. Vierundzwanzig Grad plus. Die Stadt im hektischen Pulsschlag der Zeit. Blinkende Lichterketten. Brennende Herzen. Weihnachtsmänner, Glocken, Engel, Plastik, Kitsch. Müll dicht neben Herausgeputztem. Und überall Gewusel. Ich wuselte mit nach der Devise: *Ich shoppe, also bin ich.*

Dann per Taxi, einem alten weißen Mercedes mit jungem schwarzen Fahrer, der eifrig von *Natal* plapperte, zurück in die Absteige und unter das lauwarme Rinnsal, das sich Dusche nannte. Es begann bereits zu dämmern. Bequeme Sneaker und ein weites Kleid. Wenn es ähnlich ablief wie in unserem Dorf, war mit lauter Musik und einer Völlerei zu rechnen. »Irgendwann abends treffen sich alle.«

Genaueres war von Ruben nicht zu erfahren. Ich

rubbelte meine Haare trocken, schminkte das Gesicht ein wenig und setzte mich aufs Bett. Die dünne Matratze entsprach dem Ambiente. Schäbig. Die Sprungfedern würden hübsche Abdrücke hinterlassen. Froh, überhaupt eine Bleibe gefunden zu haben, packte ich die braunkarierten Polyesterdecken, die im Schrank lagen und nach Mottenkugeln rochen, als Puffer zwischen Schaumgummi und Laken und mein mitgebrachtes Handtuch auf das Kopfkissen. Probeliegen. Bevor ich es mir anders überlegen würde, weil ich die Hunde unmöglich alleine lassen konnte, gab ich mir einen Ruck und tippte die Nummer des Taxifahrers in mein Handy. Eine weitere halbe Stunde später hupte es dann vor der Pension. Beladen mit bunten Tüten und gemischten Gefühlen eilte ich zu dem Wagen, der anders aussah. Blau verbeultes Blech auf vier Rädern. Geschickt, wie die Fahrer sind, teilten sie die Kunden untereinander auf.

Der indisch aussehende Taximann kniff die Augen zu schmalen Schlitzen zusammen, als ich die Adresse nannte, als ob er sich verhört hätte. Sah ich aus wie eine verirrte, nervöse Touristin? Er musterte mich jedenfalls mit diesem Blick, *Almosen an Weihnachten*, drehte das Radio lauter und gab Gas. Die Scheibe klemmte. Sturm im Haar. Er kannte das Viertel, in dem das Lächeln auf den Wahlplakaten nach wenigen Stunden lächerlich wirkte, weil es in Fetzen hing. Unabhängig von den Parteien, die um die Gunst der Wähler warben. Politikern traute man hier grundsätzlich nicht, denn nach den Versprechungen war vor den Versprechungen. Für die Menschen hatte sich nichts verändert. Kaum Arbeit, magere Rente, null Perspektive. Er fuhr auf direktem Weg durch die veränderte Stadt im Schein des Heiligen Abend. Nur noch wenige Menschen waren unterwegs. Ein paar Minuten später hielt das Auto vor dem Haus. Kein alter Mann auf dem Gehweg. Auch sonst nichts. Leer gefegt. Nicht einmal Jugendliche, die sich im Schutz der Dunkelheit in den Gassen herumtrieben. Dafür ein magerer Hund. Mitten auf dem Weg. Und Musik. Verschiedene Klänge, die sich überlagerten. Vertraute Geräusche. Vertraute Gerüche. Ich zählte ihm die Scheine hin, rundete auf, damit er mich auch sicher wieder abholen würde. Er nickte wünschte lächelnd: »Feliz natal«.

Ich sah ihn nie wieder.

Aber das wusste ich noch nicht, als ich die Treppen hinaufstieg und klingelte und wieder klingelte, weil die Musik den Klingelton verschluckte. Ein Junge öffnete. Vielleicht sechs, mit Schlips, kurzen Hosen und Zahnlücken. Dann Ruben, hinkend, mit Verband um das Kniegelenk.

»Olá.«

Strahlen, Umarmung, Küsschen, Händeschütteln. Der Miniflur, überladen mit Schuhen und Kleidungsstücken an der Garderobe, daneben Kartons bis zur Decke gestapelt, mündete in den einen Raum, der Küche und Wohnzimmer vereinte, und in dem sich alles abspielte. Schätzungsweise zwanzig Menschen auf Hockern und Stahlrohrstühlen um einen Tisch mit weihnachtlich verziertem Plastiktuch versammelt, nicht breiter als zwei Meter. Eine magere Frau neben einem Knirps lehnte an dem winzigen Stück freier Wand. Alle unterbrachen ihre Unterhaltung und sahen zu, wie ein schlaksiger junger Mann, vielleicht Ende zwanzig, sich erhob und mir bedeutete, zwischen die beiden Teenager zu rücken. Zustimmendes Lächeln. Ruben hatte die große Begabung, Menschen in den Mittelpunkt zu rücken, er hatte aber dasselbe Talent, sofort wieder deren Platz einzunehmen. Das war von Vorteil. Die vierzig Augenpaare fixierten mich für wenige Sekunden und hingen dann wieder an Ruben, der sich am Haupt der Tafel auf einem Stuhl postiert hatte. Wie ein Marktschreier pries er mich an.

»Das ist Amelie. Falls ihr sie noch nicht kennt. Sie hatte die Idee mit der Tanzschule …«

Die weitere Erzählung handelte von ihm selbst und seinen überwiegend weiblichen Kunden, bis Whitney Houstons *Jesus loves me* ihn vor Rührung verstummen ließ und Platz machte für die immer gleichen Fragen aus verschiedenen Mündern.

»Und wann kommt Patricia?«

»Wann besuchen Dich die Kinder?«

»Wie geht es den Kindern?«

»Bald«, sagte ich und dachte, dass der Begriff *Kinder* längst nicht mehr zutraf und das *Bald* zu unverbindlich war.

»Nächstes Jahr. Da kommt meine Tochter. Und mein Sohn. Ganz sicher.«

Glanz in den Augen, als ob ich Regen angekündigt hätte. Den Makel, den fehlenden Mann, sprach niemand an. Taktgefühl.

Dann: »Boas festas!«

Allgemeines Staunen, Lachen, Durcheinandersprechen, Essen, Singen und Tanzen. Alle bis auf Ruben, den das kranke Knie an den Stuhl fesselte, und eine gebrechliche Frau mit verbundenen, geschwollenen Beinen und einem Rosenkranz, den sie durch die Finger gleiten ließ.

Das erste Staunen galt den Geschenken. Auch ich bekam zwei kunstvoll eingeschlagene Päckchen, eine handbemalte Vorratsdose mit barocker Putte und ein Kräutersortiment.

»Für Deine Koch- und Backkünste«, erklärte Ruben strahlend.

Das zweite Staunen über die Menge und Vielfalt der aufgetischten Leckereien. Risotto, frittierte Fische, Eintopf, gefüllte Teigtaschen, Käse und vieles mehr. Die Frauen und Mädchen trugen eine Schüssel und Platte nach der anderen herein, die in den Schlafzimmern deponiert waren. Die Krönung war eine Torte mit Verzierungen in allen möglichen Farben. Dazu gab es Bier, Wein, Sekt und für die Kinder Limonaden. Dass alle, festlich gekleidet mit kunstvollen Frisuren und fröhlichen Gesichtern, überaus herzlich waren, erstaunte nicht. Auch dass die Musik nicht eine Sekunde lang verstummte, war vorhersehbar. Dass allerdings so viele Menschen über mehrere Generationen hinweg auf engstem Raum miteinander feierten, tanzten und scherzten, ohne Spannung und Zwist, war überraschend. Immer wieder gingen welche und machten anderen Platz. Ich kann mich nicht erinnern, mit wie vielen Männern, Frauen und Kindern ich getanzt habe, und wie oft wir angestoßen haben. »Megaviel«, würde Patricia sagen.

»Boas festas.«

Nachbarn, Bekannte, Freunde, bis nachts um halb zwei. Die Luft voller Parfum, Gewürze, Tabak, Adrenalin und Schweiß hatte den Sauerstoff verbraucht.

Auf einmal fühlte ich mich sehr alt.

Die Wahlwiederholung der Taxinummer war zwecklos. Dauerbelegt. Logisch, eigentlich. Wer würde schon an Weihnachten mitten in der Nacht Gäste durch die Gegend kutschieren. Panik stieg in meinem Körper auf. Zu Fuß wäre es zu weit zur Pension und zu gefährlich, ganz alleine. Meine Augen irrten umher. Ruben nirgendwo. Ich drückte mich schwitzend an den drei tanzenden Paaren vorbei und tippte der rundlichen Filomena an die Schulter, zumindest glaubte ich, dass sie mir so vorgestellt wurde. Sie trocknete Geschirr ab und gähnte, als sie mir ihr Gesicht zuwandte.

»Filomena. Weißt Du, wo ich Ruben finde?«

Sie legte das Tuch weg und zog mich an der Hand in Richtung Ausgang. Im Flur, der durch weitere Tüten und Kartons noch enger geworden war, öffnete sie eine Tür zu einer Kammer. Blaugrauer Qualm. Auf einer Matratze fünf junge Männer vor einem kleinen laufenden Fernsehgerät. Dazwischen Flaschen, Chipstüten, Schuhe. Sie debattierten laut über Fußball. Ich schnappte »FC Porto« und »Arsenal« zwischen Alkoholdunst und Zigarettenrauch auf. Glasige Augen sahen mich an und mein Mut rutschte in den Keller.

»Ruben. Kein Taxi. Wie komme ich weg?«

Schallendes Gelächter.

»Bleib einfach hier. Wir rücken zusammen.«

Filomena zog mich hinaus und schloss die Tür.

»Mario. Mein Mann kann fahren. Ich frage. Wir gehen sowieso jetzt.«

Ein Schatz, zwei Schätze, rechnet man das *Tesouro* dazu, das noch an Ort und Stelle stand, nur ein wenig wankte, eine ganze Schatztruhe. Der klapperige Renault hatte wie durch ein Wunder den Schlaglöchern und der Bordsteinkante vor der Pension standgehalten. Mit Filomenas Hilfe, »links, rechts, geradeaus, links«, steuerte Mario das Gefährt schlingernd durch die Peripherie der Stadt. Ich küsste die beiden überschwänglich auf die Wangen und versprach: »Wir sehen uns wieder.« Ziemlich beschwipst stieg ich aus dem Wagen. Ich war sogar so betrunken, dass ich eine gefühlte Ewigkeit brauchte, das Schlüsselloch meines Zimmers zu finden. *Nummer drei* zeigte das Schild über der Tür, hinter der es gefährlich knurrte. Ein Raubtierkäfig, dachte ich und musste lachen.

»Schschsch.«

Dann fiel ich über die Hunde auf das Trampolin. Das Karussell im Kopf hatte die Sprungfedern verdrängt. Ich schlief sofort ein.

Das Erwachen war weniger lustig. Pochender Schädel, saurer Magen und die Erkenntnis, dass am ersten Weihnachtsfeiertag keine Fähre übersetzt. Also unmöglich, nach Hause zu kommen. Ich nahm das Frühstück, schwarze Brühe, Toastbrot, Butter und Papayamarmelade in einem kleinen, spärlich eingerichteten Raum zu mir. Auf den anderen drei Tischchen lagen Krümel, Bananenschalen und benutzte Servietten. Hinterlassenschaften von Gästen, die das Haus bereits verlassen hatten. Keine unnötigen Gespräche. Eine zierliche Frau um die fünfzig, in pinkfarbenen Hauspuschen und rosarotem Morgenrock, vermutlich die Chefin, die mich über die Gepflogenheiten an Weihnachten aufgeklärt hatte, stellte lächelnd einen Teller mit zwei kleinen, reifen Bananen und einer Orange auf das Tischchen, sichtlich um ihren letzten Gast bemüht. Ich steckte dankend das Obst in die Tasche und versuchte es nochmals mit der Taxinummer.

»Sim. Ich komme.«

Noch nie hatte ich mich über die Stimme eines Taxifahrers derart gefreut. Kurz nach neun saßen Jule, Zappa und ich auf der Ladefläche des Wagens. Das Wetter war ideal für einen Ausflug ans Meer. Bedeckter Himmel bei fünfundzwanzig Grad. Wir fuhren nach Sao Pedro. Besser gesagt an den Eingang des kleinen Fischerdorfs. An normalen Tagen, mit Wind und ohne Feier, war die unbebaute Uferlandschaft ein Eldorado für Kitesurfer. Außer einer improvisierten Bude, die allerlei Getränke und leckere Crèpes anboten, gab es dort nichts. Heute, am heiligen Feiertag und bei Flaute, wie geschaffen für uns. Ein Strandgang nach meinem Geschmack. Niemand weit und breit. Wie an frühen Sonntagen, an denen die Menschen noch in ihren Träumen oder Alpträumen liegen, je nachdem wie die Nacht verlaufen war.

Das Nachspiel der Vorfreude auf das Ende der Woche, den heiß ersehnten Samstag, an dem der Lohn so vieles möglich macht, hat viele Facetten. Erwartungen, Hoffnungen, Versprechungen, Verbindungen, Missverständnisse, Trennungen, Eifersucht, Verlangen, einvernehmliche Liebe oder erzwungene spiegeln sich in leeren oder befriedigten Augen, samtweichen oder zusammengepressten Lippen, seidenglänzender oder blutroter, manchmal auch blaugefleckter Haut. Lorina konnte ein Lied davon singen.

Ich dachte an sie auf dem Weg zum Strand, vorbei an der verwaisten Bude, wo der Wind über das Dach aus Fächerpalmen pfiff. *Fffff*, ein Geräusch, als ob Lorina an ihren Zähnen saugte. Der Horizont, eine silberne Linie im unendlichen Blau. Feiner Sand und runde Steinchen, die zwischen den Zehen kitzelten. Eine dichte Salzkruste, die einbrach, wenn man darauftrat. Schäumendes Wasser, das die Fußabdrücke verwischte. Ich ging ein paar Meter rückwärts am Ufer entlang und sah meine Existenz verschwimmen. Selbst der zarte Saum des unendlich weiten Ozeans besaß eine enorme Kraft. Flut. Regeneration. Wie gut funktioniert die Natur ohne den Menschen. Nur der Mensch kann nicht ohne die Natur. Das predigten bereits die Urvölker immer und immer wieder. Weisheit und Demut, die von der Gier des Kapitals verschluckt wurde. Derlei Gedanken wanderten durch meinen Kopf, als die Meeresbrise das Brummen vertrieben hatte. Mit jedem Eintauchen in das seichte Wasser, jedem Einsinken in die nachgiebige Erde, jedem Flügelschlag der Fischreiher wurde mein Körper leichter. Der Einklang mit dem Atem dieser großzügigen Landschaft war so wohltuend, dass ich mir jenseits der traurigen Weltnachrichten vorstellte, die ganze Menschheit würde etwas von dem Gefühl des inneren Friedens spüren, wenn man nur ganz fest daran glaubte.

Als ich so weit gelaufen war, dass das Dorf im Rücken auf eine schemenhafte Ansammlung grauer Blöcke geschrumpft war, begann ich Fundhölzer zu sammeln. Die Hunde sprangen wie aufgezogen im Kreis herum und übertrafen sich bei ihrer eiligen Suche nach den Stöckchen, die ich in hohem Bogen ins Wasser warf. Mehr zum Glück brauchte es nicht, dachte ich. Warmer Sand vor azurblauem Meer unter einem gnädigen Himmel mit einer Familie im Hintergrund, auf die sich bauen ließ. Ich streifte die Sweatjacke über, legte mich auf den

Rücken und betrachtete die Wolkenbilder. Kinderspiele. Meine kleine Schwester und ich hatten das oft gemacht. Im Sommer hinter dem Haus im hohen Gras fantasierten wir Gesichter und Geschichten in die aufgebauschten Wattetürme hoch über uns, bis ein spannender Einfall sie aufspringen ließ. Mit heller Stimme rief Franka: »Los! Lass uns auf den Baum klettern und in das Badezimmer der Nachbarn spähen oder Kaugummis auf die Klingeln drücken.« Sie war geschickt und erfinderisch in allem, was sie vorhatte. Allerdings hatte sie nie etwas vor, was unseren Eltern gefiel. Vielleicht würde ich irgendwann mit ihr zusammen hier Weihnachten feiern. Womöglich käme unsere ganze Familie zusammen.

Ich schloss die Augen und lauschte der sanften Brandung und dem Wind, der über das Steppengras säuselte. Eine mystische Melodie. Schallwellen von ganz weit her. Der *Messiah* ertönte aus dem Nichts. Wie gerne hätte ich die Symphonie mit Jorge zusammen gehört, seine Empfindungen geteilt, seinen Körper gespürt. Aber das war vorbei. Ich ließ den feinen Sand zwischen meinen Fingern hindurchrieseln und spürte, wie aus einem vagen Gedanken eine fixe Idee wurde. Händel. Das Oratorium zwischen mächtigen Lavablöcken. Pauken und Trompeten am *praia paraíso*. Der *Messiah* in dieser gigantischen Kulisse für mich ganz alleine und für die Tiere. Ein außergewöhnlicher Jahreswechsel. Silvester mit Mitternachtspicknick, den Hunden und dem Londoner Symphonieorchester am Strand. Darüber Hunderte funkelnder Diamanten und ein hell strahlender Mond. Mit dieser wunderbaren Vorstellung nickte ich ein.

Ein Grummeln, so stark, als komme es tief aus der Erde, holte mich aus den fernen Sphären an das Ufer zurück. Mein Magen, ein hungriger Wolf. Ich fröstelte und sah auf die Armbanduhr. Halb zwei. Ich rieb mir die Augen und blickte mich um. Jule und Zappa dösten zwei Meter weit entfernt. Ich stand auf, schüttelte Halme, Kletten und klebrig grauen Sand von Jacke und Kleid und beschloss, nach etwas Essbaren zu suchen. Vielleicht hatte irgendeine Bar geöffnet.

Zweihundert Meter vom Dorf entfernt vereinzelt Plastikflaschen, rostige Dosen, eine kaputte Sandale, Glasscherben, die Reste eines Lagerfeuers. Zivilisation. Dann Lärm. Musik. Gitarre, Geige, Trommeln, Gesang und Klatschen. Eine Gruppe bunt gekleideter Leute um Musiker herum. Ich pfiff die Hunde zurück, leinte sie an und näherte mich langsam. Links die Männer, rechts die Frauen und zwischen ihnen fröhlich hüpfende Kinder. Auf einem umgedrehten Plastikeimer gab jemand den Takt zu einer Morna an, die von einer sonoren, weiblichen Stimme gesungen wurde. Von einem Grill stieg Rauch auf. Der Duft nach Bratwurst und Holzkohle. Mein Magen ein tiefes Loch. Es war eines der spontanen Feste, das alle Hinzugekommenen einbezog. Mich ebenfalls, als wäre ich ein Teil dieser Gemeinschaft. Mein Hunger, der über das Kulinarische hinausging, wurde gestillt, bis die Sonne sich entschloss, den Himmel zu entzünden. Ein intensives Rot, Orange, Gelb, das vor dem Dunkel kam und zum Abschiednehmen mahnte. Ein Abschied von Freunden, die vor ein paar Stunden noch Fremde waren.

Die folgende Nacht im *Tesouro* glich einer derjenigen, auf die man getrost verzichten könnte. Wegen des Straßenlärms hatte ich das Fenster geschlossen. Es roch muffig, nach altem Rauch, Mottenkugeln und Raumspray. Kaum eingeschlafen schreckten mich klatschende Autotüren, Gelächter und anhaltendes Hundegebell auf. Ich fuhr hoch und erlebte die obszöne Teilung der Venus stets aufs Neue. Ein grellrot flackernder Lichtstrahl, der durch ein Fensterband unterhalb der Decke fiel, zerschnitt die weißen Brüste und das ausladende Becken der Frauendarstellung Sandro Botticellis. Der billige Kunstdruck wirkte so abstoßend, dass ich das Licht der Nachttischlampe anknipste und in meiner Lektüre blätterte. Aber das traurige Kapitel der Salazar-Diktatur, die Inhaftierungen und Folterungen auf der Insel Santiago, dem einstigen Sklaven-Umschlagplatz, war auch nicht erbaulicher. Ende der 1950er-Jahre hatte mein leiblicher Vater der Insel bereits den Rücken gekehrt. Wie er das alles erlebt hatte, die Not und das Elend der Unterdrückung, das ihn dazu trieb, seine Familie zu verlassen, um in Hamburg und später in Rotterdam sein Glück zu versuchen, wusste ich nicht. Ich konnte ihn auch nicht mehr fragen, wie es ihm ergangen war als fremdländischem Arbeiter in dieser grundverschiedenen Welt, im hoffnungsvollen Europa. Dies alles versank im Dunkel der Spekulationen. Und so träumte ich ein wildes Durcheinander von schmutzigen Gefängnissen, stinkenden Lagerfeuern und einer wilden Verfolgungsjagd, bis mich der Handyweckton kurz nach sechs davon erlöste.

Das übliche Durcheinander vor dem Hafengebäude, in das die Menschen ihre Gepäckwagen schoben, um dort geduldig darauf zu warten, bis der Wachmann die Barriere zur Fähre öffnete. Heranbrausende Taxis, Aluguers, Lastwagen, tonnenweise Gepäck und jede Menge Lärm. An der Bordsteinkante rechts des Bauwerks hielt der Toyota, der uns überpünktlich an der Pension abgeholt hatte. Während der Fahrer die Käfige mit den Hunden von der Laderampe zerrte, fiel mein Blick auf zwei dicke Frauen. Sie saßen auf dem staubigen Asphalt neben Tüten und einem Bündel Zeitungen an eine Mauer gelehnt, in mehrere Lagen lumpiger Kleider gehüllt. Die linke trug einen geblümten Schlapphut, die rechte einen Turban. Beide Köpfe waren auf die Brust gesunken, sodass man die Gesichter nicht erkennen konnte. Vermutlich schliefen sie. Die geblümte Dame spreizte die Beine in peinlicher Weise, sodass ich gar nicht anders konnte, als auf die schwammigen Innenseiten ihrer massigen Schenkel zu starren, bis mich etwas an der Schulter berührte. Ein hagerer Mann mit sehnigen Armen und glühenden Augen gestikulierte und deutete auf die Boxen. Dann versuchte er, Jules Käfig in Richtung seines Handkarrens zu ziehen. Schwer atmend leckte er sich die Schweißperlen von der Oberlippe. Ich wehrte ab und schüttelte entschieden den Kopf.

»Danke. Ich mach das schon«, sagte ich und drückte dem Taxifahrer die Scheine und dem Hageren ein paar Münzen in die Hand.

Eine Frau mit breitem Kreuz und roten Locken rempelte mich unsanft an. Sie glich Janine. War es aber nicht. Janine, die Tochter der alten Frau, die sechzehn Jahre lang starb, bevor man sie auf dem Friedhof endgültig zur letzten Ruhe bettete, war auseinandergegangen wie ein Hefeteig, nachdem der Vater ihrer vier

Kinder, überfordert von den quengelnden Mündern, den steigenden Lebensmittelpreisen, den Schwielen an Händen und Füßen, dem krummen Rücken, der ihn schmerzte wie der Anblick seiner hässlichen, o-beinigen Kinder, eines Morgens auf und davon gegangen war und nie wieder zurückkehrte. Er habe einen Wachposten in einem Hotel auf Sal, erfuhr sie, bevor sie begann, Brötchen und Zuckerzeug zu verkaufen.

Den Riemen der Reisetasche über der Schulter, die Bügel der Transportboxen fest umklammert, die Käfige im Schlepptau schob ich mich zwischen Koffern, Reisetaschen, Kartons und Leuten hindurch und reihte mich in die Schlange der Wartenden vor dem Ticketschalter ein. Ein Junge mit Basecap, Kopfhörern und Hornbrille, vielleicht siebzehn, schlenderte mit seinem Billett in der Hand an mir vorbei, kehrte auf dem Absatz um und trat neben mich.

»Hast Du eine Zigarette?«

»Sorry. Nichtraucherin.«

Er zuckte mit den Achseln und entfernte sich pfeifend, während mein Vordermann, in Jeans und hellem Hemd, den Kopf drehte. Schönes Profil über schmalem Körper. Dichte, kurze Haare. Grau meliert. Augen, die meinen begegneten, wegglitten und zurückkehrten. Grüne Sprenkel auf honigfarbenen Pupillen. Markante Nase über vollen Lippen. Buschige Brauen unter hoher Stirn. Ein Lächeln. Zwei Falten unter den Wangen. Der Blick wanderte über meine Bluse, den Rock hinab zu den Käfigen rechts und links von mir. Schwungvoll drehte er seinen Körper, ging in die Hocke und spähte durch das Gitter. Jules schwarze Nase glänzte. Jämmerliches Jaulen.

»Die beiden haben Glück. Urlaub auf der Insel.«

Die tiefe, warme Stimme erhob sich. Akzentfreies Portugiesisch, wenn ich mich nicht irrte.

»Kennen wir uns?«

»Ja. Vom letzten Konzert. Sie sind doch Mayra Andrade, nicht wahr?«

»Klar. Und Sie sind Tony Carreira.«

Geplänkel zwischen Wartenden, die sich zentimeterweise vorwärtsschoben. Als er an der Reihe war und die Münzen gegen sein Ticket durch den Schlitz gewechselt hatte, wartete er neben mir, als gehörten wir zusammen.

»Darf ich?«

Er durfte und zog mit der einen Hand den größeren der beiden Käfige, mit der anderen schulterte er seine große Lederreisetasche. So trabten wir nebeneinander her in den schwimmenden Bauch der Fähre hinein. Nachdem die Boxen so gut verstaut waren, dass kein sperriger Gegenstand den Hunden die Luft nehmen konnte, stiegen wir die steilen Stufen des Schiffs hinauf. Er ließ mir den Vortritt, galant wie ein Gentleman. Auf dem Oberdeck setzten wir uns auf die erste freie Bank.

»Zum ersten Mal hier?«

Er tastet sich langsam vorwärts, dachte ich und fand Gefallen an dem Spiel.

»Mit einem Bodyguard betrete ich Neuland.«

Ich wühlte in meiner Tasche, zog das Etui heraus und setzte meine Sonnenbrille auf. Dann lehnte ich mich entspannt zurück und strich die Locken aus der Stirn. Neben dem Dieselgestank nahm ich sein Aftershave wahr. Ein angenehmer Duft.

»Und Sie? Auf Tournee? Der Tasche nach zu urteilen ein halbes Jahr«, sagte ich.

»Zwei bis drei Monate. Kommt ganz darauf an.«

»Auf das Publikum?«

»Auch. Aber noch mehr auf die Familie.«

Ich spürte, wie mein Enthusiasmus nachließ, wunderte mich darüber und setzte ein charmantes Lächeln auf. Ich hatte das Gefühl, als forsche er in meinem Gesicht nach einer Reaktion.

»Familie ist das Wichtigste im Leben«, sagte ich aus vollster Überzeugung und versuchte meine Zehen im Zaum zu halten, die zu wackeln begannen. Dieser Tick ist ein Erbe mütterlicherseits. Wenn meine Mutter nervös wurde, konnte man das an ihren aktiven Füßen ablesen. Mein Vater hätte besser darauf achten müssen. Die Fähre begann, stärker zu vibrieren. Ein Knarzen und Knacken fuhr durch die stählerne Haut. Dann legte sie ab.

»Kommt darauf an«, drang an mein Ohr. Und ich musste überlegen, was er meinte.

»Wie?«

»Auf die Familie. Manchmal sind Freunde hilfreicher.«

»Oscar Wilde.«

Er lachte. Zwei weiße Zahnreihen hoben sich von seiner olivbraunen Haut ab. Offenbar kannte er den Spruch des Schriftstellers. In der Art ging es hin und her, bis wir zum Thema Musik kamen, und ich erfuhr, dass er Jazz und Klassik liebte.

»Also Berufsmusiker?«

»Beinahe.«

Ich zog die Augenbrauen hoch.

»Koch.«

»Und was hat das mit Musik zu tun?«, wollte ich wissen.

»Jede Menge. In meinem Fall zumindest.«

Pause, bevor er weitersprach, weil ich nicht fragte.

»Ich koche nur zu ganz bestimmter Musik. Jedes Gericht hat einen Bezug dazu.«

»Spannend. Und wo praktizieren Sie?«

Kaum ausgesprochen ärgerte ich mich über die gestelzte Wortwahl, als ob es sich um einen Arzt oder Psychiater handelte.

»Ich hatte ein kleines Restaurant in Faro. Nach der Scheidung von meiner Frau musste ich schließen.«

Die Stimme ohne Wehmut. Der Klang nüchterne Sachlichkeit.

»Und jetzt machen Sie Urlaub und besuchen Ihre zweite Familie?«, bohrte ich.

Die Bernsteinaugen geweitet, als ob ich etwas Anstößiges gesagt hätte. Feine Falten auf der Stirn. Er knetete seine Finger in derselben Art wie Jorge, wenn ihm die Worte fehlen.

»Sofern meine Vorstellungen passen, wird es kein Urlaub.«

»Also ein Arbeitsaufenthalt. Wie lautet Ihr Projekt?«, fragte ich mit der populären Floskel, wenn es um Planungen geht, die ich eigentlich gar nicht mochte.

»Symphonie für einen Fisch.«

»Was?«

Ich musste lachen und grübelte darüber nach, was er wohl damit meinte, während meine Zehen Luftklavier übten.

»Ich kreiere ein Fischgericht zu einem Oratorium.«

Pause.

»Wenn sie möchten, lade ich Sie gerne dazu ein. Ich dachte an Silvester. Falls mein Bruder nichts anderes geplant hat, wäre das ein guter Beginn.«

Hitze stieg in mir auf. Seine Art zu sprechen. Die tiefe Stimme. Faro. Der Bruder aus Portugal.

»Entschuldigung«, sagte er und streckte mir seine Hand hin.

»Mein Name ist Amancio.«

»Amelie.«

»Ich wollte Dich nicht erschrecken, Amelie. Wenn Du schon etwas anderes vorhast.«

»Bin schon verabredet«, sagte ich und setzte rasch hinzu, »mit Händel am Strand«.

Seine grünen Sprenkel im Honiggelb leuchteten wie die Sonne über dem Meer und hielten meine bebrillten Augen fest, als wollten sie sie nie wieder loslassen.

»Könnte ich vielleicht dabei sein. Natürlich nur, wenn ich nicht störe.«

Schschsch. Das Boot tauchte in ein Wellental und Lorinas Stimme flüsterte: *denk nicht so viel.*

Amelies Rendezvous-Rezepte

- Herzhaftes Maniokbrot
- Salatplatte mit extra Marinade
- Fisch-Brunnenkresse-Bällchen
- Linsencurry
- Minze-Dip
- Gefüllte Datteln

Zutaten Maniokbrot

500g Maniokmehl
1/2 Tasse Öl
2 gestr. TL Salz, Petersilie (wenn möglich Thymian oder andere frische Kräuter gehackt
3 Eier
2 Zwiebeln
100g Oliven
200g Feta oder anderen Ziegen- oder Schafskäse kleinkrümeln
etwas Wasser
anstatt Käse kann man auch Schinken verwenden oder das Ganze als veganes Gericht zubereiten

Zubereitung:

Zwiebeln hacken und im Öl rösten
alle Zutaten mischen, zuletzt die Zwiebel samt Öl dazugeben
den Teig in eine gefettete Kuchenform streichen, leicht andrücken
bei 180 Grad 40 Minuten backen und lauwarm servieren

Blattsalat anrichten, darauf geraspelte Möhren, Äpfel, Petersilie, Nüsse
Marinade aus Olivenöl, Zitrone, Senf, Salz, Pfeffer und Zwiebelröllchen oder Knoblauch sehr fein gehackt (je nach Geschmack)

Fisch-Bällchen Zutaten und Zubereitung

ca. 300g geräucherter Fisch (oder frischer Fisch zerkleinert)
1 große Zwiebel
1 Hand voll Brunnenkresse oder 1/2 Bund Petersilie
1-2 Eier
Semmelbrösel oder etwas Maismehl
Pfeffer und Salz und Olivenöl zum Anbraten
alles mischen und mit dem Stabmixer zerkleinern
mit feuchten Händen Bällchen formen und ausbacken
oder auf dem Blech im Ofen backen, bis sie goldbraun sind

Linsencurry

250 g Linsen nach Angabe kochen
mit 1 EL Curry und etwas Kreuzkümmel würzen
1 klein gehackte Zwiebel und Karotte zugeben
erst am Ende der Garzeit Salz hinzufügen und abschmecken
das Linsengericht eindicken und ziehen lassen

Minze-Dip

250 g Ziegen- oder Schafsjoghurt
etwa 10 frische Minzeblättchen klein gehackt
1 Knoblauchzehe sehr fein gehackt
Salz und Pfeffer
alles gut mischen (kühl servieren)

Gefüllte Datteln

frische Datteln (am besten eignen sich fleischige Medjoul)
der Länge nach aufschneiden, den Kern entfernen, trocken geröstete Mandel (oder Walnuss) sowie Frischkäse hineinfüllen und zudrücken

Leckere Variante:

Die Datteln entkernen und mit geräuchertem Schinken ummantelt ausbacken (mit wenig Fett in der Pfanne, 2 Minuten auf jeder Seite)

Sybilles Arroz rica

Zuerst Hühnerflügel mit Knoblauch, Piri Piri, Salz, Lorbeerblatt marinieren und dann in Olivenöl mit Tomatenmark dünsten.

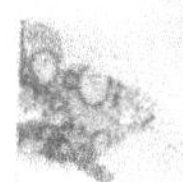

Mit Gemüsebrühe ablöschen und so viel Wasser auffüllen, wie für den Reis gebraucht wird. Zum Kochen bringen und dann alles dazugeben, was die Küche hergibt. Gewürfelte Karotten, Paprika, Zwiebeln, Kichererbsen, gewürfelte Tomaten, Corned Beef klein geschnitten, Longarvida geschnitten (portugiesische Würste), Thunfisch entweder frisch oder aus der Dose und natürlich Reis. Wenn der Reis gar ist, Oliven dazugeben und ein bisschen Olivenöl darüberträufeln.

Dann stehen alle Schlange, und der Topf wird leer. ☺

Marias Cachupa

Zutaten:

250 g Mais (weißer Mais, alternativ geht auch gelber oder roter Mais)

150 g rote Bohnen

1 grüne Banane

2 Zwiebeln

2 Süßkartoffeln

4 Kartoffeln

1 große Karotte

1 Hand voll Kohl

1 Hand voll Kürbis (falls zur Hand)

2 Tomaten

3 Knoblauchzehen

70 ml Olivenöl

2 Lorbeerblätter

Piment

Salz u. Pfeffer

Zutaten für die Cachupa Rica:

200 g Schweinekotelett vom Grill

75 g gepökelter Schweinebauch

1 Chorizo (Würstchen) oder 2 Hühnerschenkel

oder Cachupa Rica mit Fisch:

1 Fisch des Tages gegrillt, gekocht oder geräuchert dazugeben

* Das Gericht gibt es auch gebraten mit Ei und portugiesischen Würstchen

Ezildas Pastéis

Zutaten

3 Tassen Mehl
1 Tasse warmes Wasser
3 EL Öl
1 EL Brandy
1 Teelöffel Backpulver
etwas Salz
Öl zum Braten

Mehl, Salz und Backpulver in einem Topf mischen und ein Loch in der Mitte öffnen.
In dieses Öl, Schnaps und ein wenig Wasser geben, Kneten und Kugel formen, der Teig soll nicht an der Hand haften, den Teig 30 Minuten stehen lassen, danach dünn auswellen und mit Mehl bestäuben, mit Hilfe eines Glases Kreise ausstechen, die Kreise mit der Masse füllen und mit einer Gabel schließen, in heißem Öl ausbacken.

Füllung Zutaten:

½ kg frischer Thunfisch (oder anderer Fisch)
3 Zwiebeln
1 Prise Piment, Salz und Pfeffer
gehackte Petersilie
6 Knoblauchzehen
6 Malagueta oder etwas Chili
1 Lorbeerblatt
2 Esslöffel Essig

Thunfisch zerkleinern, mit Salz, Pfeffer, gehacktem Knoblauch und Essig würzen.
Zwiebeln in Olivenöl glasig dünsten, alles andere dazugeben und dünsten.

Glossar

Aluguer	Sammeltaxi
Batuku	Tanz- und Musikstil
Bolas	Kuchen
Bom dia	guten Tag
Bruma secca	feiner Wüstensand
Bruxa	Hexe
Cachupa	kapverdisches Nationalgericht
Deus	Gott
Fado	portugiesischer Musikstil (wörtlich: Schicksal)
Funaná	Tanz- und Musikstil
Gôn Gôn	Gespenst
Grogue	Zuckerrohrschnaps (Rum)
Kent	Umgangssprache: heiß (quente)
Ladeira	örtliche Bezeichnung (Hanglagen)
Levada	auch Lavada, gemauerter Wasserkanal
Morna	Lied und Tanz aus der Sklavenzeit
Não	nein
Pastéis	gefüllte Teigtaschen
Residencial	Familienhotel, Pension
Sab	Umgangssprache: Lecker, prima, sehr gut
Saúde	Prosit (wörtlich: Gesundheit)
Sodade	Sehnsucht
Sim	ja
Stomperott	Zuckerrohrschnaps mit Zitrone und Gewürzen
Strela	kapverdisches Bier
Tud dret	Umgangssprache, auch tu dret: wie geht's?

Dank

Die Autorin dankt
ihrer Familie und ihren Freundinnen und Freunden für deren Unterstützung,
Botschafterin I. E. Jacqueline Maria Duarte Pires Ferreira Pires, Berlin
Ana Paula Fonseca-Müller, Reutlingen
Dorothee Hahn, Gammertingen
Gilda Helena Rocha Monteiro, Brüssel
Eva Mokhlis, Stuttgart
Juliette Brinkmann, Mindelo
Rosa Pascoal, Köln
Sibylle Schellmann, Calheta
Petra Wägenbaur, Tübingen
sowie den Menschen der kapverdischen Inseln für Tipps und Inspirationen
und Gott für alles

Geografische Lage Kapverden

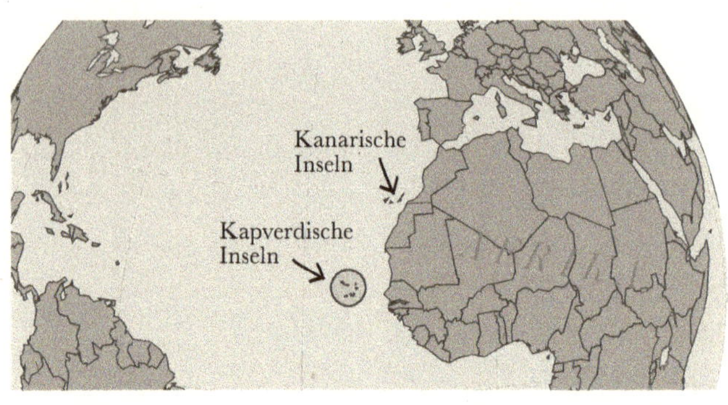

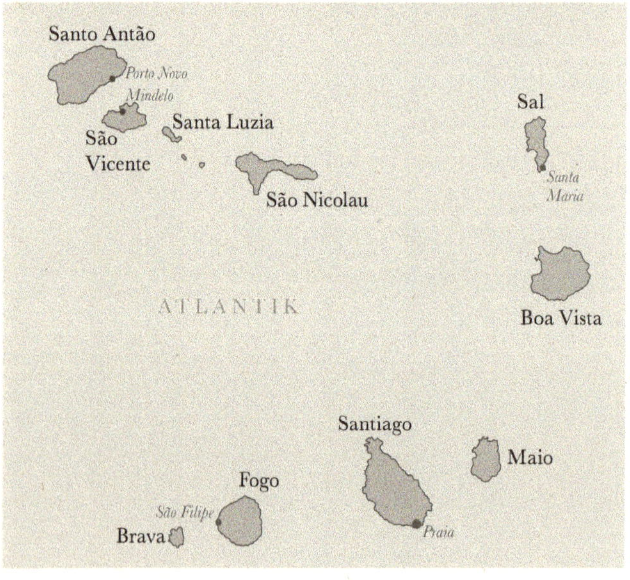

2. Auflage
Motiv Umschlag: iStockphoto/Banannaanna
Abbildungen: S. 282 oben: Fb78, Wikimedia Commons, lizenziert unter CreativeCommons-Lizenz by-sa-2.0-de; S. 282 Abb unten: By NordNord-West (own work, using *World Data Base II data) or CC BY-SA 3.0, via Wikimedia Commons
Gestaltung und Herstellung: Swabianmedia, Stuttgart
Druck: GGP Media GmbH, Pößneck
Printed in Germany
ISBN: 978-3-944856-12-4

Weitere Informationen, auch zu E-Book-Ausgaben, finden Sie bei
www.albas-literatur.de

Junger Mann verliebt sich in junge Frau.

Ganz normal.
Ungewöhnlich nur: Die Siebzehnjährige lebt in einer radikalen Psychosekte, mitten unter uns, in einem Dorf, in Deutschland.
Da beginnt die Geschichte.
Spannend und erschreckend realistisch.

»Das Thema ist so brisant und die Story so spannend…«
Monique Cantré *Reutlinger Generalanzeiger*

»Ursa Kochs Studie, auch auf eigenen Recherchen beruhend, ist kenntnisreich, amüsant und beklemmend zugleich geschrieben. Der Autorin ist ein Kunststück geglückt, denn ihr Blick ins Innenleben einer Sekte ist eine gelungene Synthese aus Information, Abenteuerroman und Lovestory. Aus Einfühlung, Aufklärung und Unterhaltung.«
Otto Paul Burkhardt *Südwestpresse*

Ursa Koch
Assunta
ISBN 978-3-9813139-2-5 • 12.40 €
E-Book 978-3-9813139-5-6 • 8.40 €

Albas Literatur